W0047184

Schnell und gut

Kuchen
und Torten

Ricarda Nolte

Schnell und gut
Kuchen
und Torten

Weltbild

INHALT

Wie bei Großmutter
   – saftige Rührkuchen

Darf's ein bisschen mehr sein?
   – Kuchen vom Blech

Schön frisch
   – Kuchen mit Quark und Jogurt

INHALT

Herrlich fruchtig – Obsttorten,
Wähen und Tartes

Festlich
– schnelle Torten

Luftig und leicht
– Windbeutel & Co.

KUCHEN UND TORTEN – SUPERSCHNELL UND KINDERLEICHT

Wenn Sie reines Vollkornmehl zum Backen verwenden wollen, sollten Sie die angegebene Flüssigkeitsmenge um knapp ein Viertel erhöhen. Lockerer wird der Kuchen jedoch, wenn Sie Vollkornmehl und Weizenmehl Typ 405 zu gleichen Teilen mischen und 2 bis 3 Esslöffel Milch zusätzlich zufügen.

Sie finden, dass zu einem nachmittäglichen Kaffee- oder Teestündchen ein köstlicher selbst gebackener Kuchen einfach dazugehört? Sie haben aber keine Lust, dafür stundenlang in der Küche zu stehen? Dann halten Sie genau das richtige Buch in den Händen.

Egal, ob unerwarteter Besuch vor der Tür steht, Sie eine festliche Kaffeetafel geplant haben oder einfach ganz spontan Lust auf einen selbst gemachten Kuchen haben – hier finden Sie wirklich schnelle Rezepte für jeden Anlass und Geschmack.

Und was schnell geht, ist auch unkompliziert. Deshalb kann auch der oder die Ungeübteste jedes Rezept sofort erfolgreich nachbacken. Die Teige sind schnell gerührt oder schnell gekauft, wie tiefgekühlter Blätterteig und fertige Tortenböden aus Mürbe- oder Biskuitteig. Sie können die etwas zeitaufwändigeren, aber völlig unkomplizierten Mürbe- oder Biskuittortenböden natürlich auch in einer Muße-

stunde vorbacken und einfrieren – im Ofen sind sie dann in wenigen Minuten aufgetaut und einsatzbereit.

Auch für Füllungen und Beläge hält die Backindustrie schnelle Helfer bereit, die uns viel Zeit sparen. So machen uns z. B. Pudding- und Cremepulver, zerkleinerte Nüsse und Mandeln, Tortengüsse und -glasuren, Schokoladen- und Zuckerdekorationen das Back-Leben sehr viel einfacher. Aber Sie finden in diesem Buch auch eine Reihe von Vorschlägen zu Füllungen, Glasuren und Verzierungen, die mit wenig Aufwand rasch selbst hergestellt sind.

ÜBER DIESES BUCH

Damit Sie sich beim Nachbacken der Rezepte leicht zurechtfinden, sind die Zutaten in der Reihenfolge, in der Sie sie beim Backen brauchen, neben dem Rezept aufgelistet. Natürlich sind die angegebenen Zutaten größtenteils nur Vorschläge, an die Sie sich nicht unbedingt halten müssen. So können Sie zum Beispiel ganz nach Geschmack statt Butter auch Margarine oder statt gemahlener Nüsse ruhig auch einmal gemahlene Mandeln verwenden. Nur die Mengenverhältnisse müssen gleich bleiben.

Bei Zucker ist es ein bisschen anders: Sie können ihn zwar durch Fruchtzucker ersetzen, was beispielsweise empfehlenswert ist, wenn Sie einen Diabetiker zu Gast haben, müssen dann aber darauf achten, dass Fruchtzucker eine um etwa 20 Prozent höhere Süßkraft besitzt als normaler Zucker. Und noch ein Hinweis: Wenn in der Zutatenliste Mehl angegeben ist, ist immer Weizenmehl Typ 405 gemeint. Sie können natürlich auch Vollkornmehl verwenden, wenn Sie möchten, müssen dann aber etwas mehr Flüssigkeit zum Teig geben.

Was die Verzierung Ihrer Kuchen und Torten betrifft, bleibt die künstlerische Gestaltung ganz Ihrer Kreativität überlassen. Die Dekorationshinweise in diesem Buch sind lediglich als Anregung zu verstehen. Natürlich können Sie nach Lust und Laune aus dem Vollen schöpfen: Schokoladen- und Kokosraspel, Güsse und Glasuren mit und ohne Lebensmittelfarben, kandierte Früchte, aromatisierte Sahne, Krokant, Mandelsplitter, gehackte Pistazien oder Liebesperlen setzen Ihren Backwerken Glanzlichter auf und der Fantasie sind keine Grenzen gesetzt. Daneben erleichtern Ihnen zahlreiche Tipps das Backen, und mit den angegebenen Variationsmöglichkeiten der Rezepte können Sie Ihr Back-Repertoire beliebig erweitern. Im Handumdrehen zaubern Sie so die köstlichsten Kuchen und Torten auf den Tisch und verwöhnen sich und Ihre Lieben mit einem saftigen Rührkuchen, duftenden Blechkuchen, frischen Käse- oder Obstkuchen, einer festlichen Biskuittorte oder sahnig gefülltem Spritzgebäck.

Lassen Sie Ihrer Fantasie freien Lauf: Ob Sie Ihre Torte klassisch-elegant mit Sahne und Mandelblättchen verzieren oder für kleine Gäste mit bunten Streuseln und Smarties krönen – die Backindustrie hält für jeden Geschmack etwas bereit.

Achten Sie beim Einfrieren von Kuchen- und Tortenböden darauf, dass sie flach aufliegen. Am besten schieben Sie ein Stück Pappe darunter und legen sie auf den Boden des Gefrierkorbs.

WIE BEI GROSSMUTTER –
SAFTIGE RÜHRKUCHEN

BANANENKUCHEN

- *300 g Butter*
- *300 g Fruchtzucker*
- *2 Pck. Vanillezucker*
- *3 Eier*
- *200 g gem. Haselnüsse*
- *50 g Kokosflocken*
- *500 g Mehl*
- *5 reife Bananen*
- *4 EL Amaretto*

1 Die weiche Butter mit Zucker und Vanillezucker gut verrühren. Nach und nach die Eier dazugeben, dann die Haselnüsse und die Kokosflocken unterrühren. Das Mehl durch ein Sieb streichen und unter den Teig heben.

2 Die Bananen mit dem Handmixstab pürieren, den Amaretto zufügen und unter das Fruchtmus und den Teig mischen.

3 Den Teig in eine gefettete und leicht gemehlte Kastenform geben und im vorgeheizten Backofen bei 175 °C (Gas Stufe 2) etwa 50 bis 60 Minuten backen.

TIPP Schmelzen Sie 100 g Kuvertüre im Wasserbad und überziehen Sie den Kuchen damit. Wenn die Kuvertüre fest zu werden beginnt, streuen Sie einige Kokosflocken darüber.
Statt der Kuvertüre können Sie auch 3 Esslöffel Puderzucker mit 1 Esslöffel Amaretto verrühren und den Kuchen damit bepinseln, dann nach Belieben mit Kokosraspeln bestreuen. Eine besonders exotische Note bekommt der Kuchen, wenn Sie ihn mit einer Mischung aus 50 Gramm Puderzucker und 2 Zentiliter Kokosmilch überziehen und dann Kokosraspel darüber streuen.

HASELNUSSKUCHEN

- *125 g Butter*
- *125 g Zucker, Salz*
- *1 TL Vanillezucker*
- *2 Eier*
- *100 g Mehl*
- *2 EL Kakaopulver*
- *1 TL Backpulver*
- *100 g gem. Haselnüsse*
- *50 g gehackte Haselnüsse*

1 Die weiche Butter mit Zucker, 1 Prise Salz und Vanillezucker cremig rühren, dann die Eier nacheinander einarbeiten.

2 Mehl, Kakaopulver und Backpulver vermengen und durch ein Sieb streichen. Anschließend mit der Buttermasse verrühren. Zum Schluss die Haselnüsse untermengen.

3 Den Teig in eine gefettete Tarte- oder Springform füllen und im vorgeheizten Backofen bei 175 °C (Gas Stufe 2) etwa 30 Minuten backen. Mit Schlagsahne servieren.

KIRSCH-STREUSEL-KUCHEN

ZUTATEN
- *1 Glas Sauerkirschen (entsteint)*
- *500 g Mehl*
- *1 TL Backpulver*
- *250 g Zucker*
- *Schale von ½ Zitrone*
- *150 g kalte Butter*
- *1 Ei, 1 Eigelb*
- *1 Pck. Vanillezucker*

1 Die Sauerkirschen gut abtropfen lassen. Das Mehl mit dem Backpulver mischen und durch ein feines Sieb streichen. Dann mit dem Zucker und der Zitronenschale vermengen. Die Butter in Flöckchen darauf verteilen.

2 Das Ei und das Eigelb in einem Teller mit einer Gabel verschlagen, dann zum Teig geben und alles mit dem Knethaken oder den Händen zu Streuseln kneten. Dabei zügig arbeiten, damit die Butter nicht zu weich wird.

3 Die Hälfte der Streusel in eine gefettete Springform krümeln, die Kirschen darauf verteilen, mit Vanillezucker bestreuen und den restlichen Teig gleichmäßig darauf bröseln.

4 Den Kuchen auf der untersten Schiene im vorgeheizten Backofen bei 200 °C (Gas Stufe 3) 30 bis 40 Minuten backen. Abkühlen lassen.

VARIANTE Der Streuselkuchen schmeckt auch mit Zwetschgen, Pflaumen oder Äpfeln ganz hervorragend. Dieses Obst sollten Sie vorher jedoch einige Minuten in wenig Butter dünsten, damit es beim Backen auch wirklich gar wird. Wenn Sie säuerliches Obst verwenden, sollten Sie es vor dem Backen leicht zuckern oder mit etwas Fruchtlikör beträufeln.

MARMORKUCHEN ▶

ZUTATEN
- 250 g Butter
- 225 g Zucker
- 1 Prise Salz
- 1 Pck. Vanillezucker
- 5 Eier
- 400 g Mehl
- 1/2 Pck. Backpulver
- 6-8 EL Milch
- 3 EL Kakaopulver
- Puderzucker

1 Die weiche Butter mit Zucker, 1 Prise Salz und Vanillezucker schaumig schlagen. Nach und nach die Eier zufügen und unterrühren. Das Mehl mit dem Backpulver mischen, portionsweise über den Teig sieben und abwechselnd mit 3 bis 4 Esslöffeln Milch unterrühren, bis der Teig zäh-reißend ist und nicht vom Löffel fließt.

2 Eine Hälfte des Teiges in eine gefettete Napfkuchenform füllen. Den restlichen Teig mit dem Kakaopulver und 2 bis 3 Esslöffeln Milch vermengen. Den dunklen Teig auf dem hellen Teig verteilen und mit einer Gabel spiralförmig durch den Teig ziehen, damit ein Marmormuster entsteht.

3 Den Kuchen im vorgeheizten Backofen bei 180 °C (Gas Stufe 2) auf der unteren Schiene etwa 60 Minuten backen.

4 Den Kuchen etwas auskühlen lassen, dann auf ein Kuchengitter stürzen. Mit Puderzucker bestäuben.

MARZIPANKUCHEN

ZUTATEN
- 200 g Marzipan-Rohmasse
- 200 g Butter
- 1/2 Pck. Vanillezucker
- 150 g Zucker
- 1 Prise Salz
- 4 Eier
- 200 g gem. Mandeln
- 100 g Mehl
- 1/2 Pck. Backpulver
- 2 EL Milch

1 Die Marzipan-Rohmasse in kleine Stückchen schneiden, dann mit der weichen Butter zu einer geschmeidigen Masse verrühren.

2 Vanillezucker und Zucker mischen, 1 Prise Salz zufügen. Nach und nach zur Marzipanmasse geben. Die Eier trennen. Die Eigelbe nacheinander zufügen. Die Masse gut schaumig rühren. Die Mandeln untermischen.

3 Mehl und Backpulver mischen, portionsweise über den Teig sieben und abwechselnd mit der Milch unterrühren. Das Eiweiß zu sehr steifem Schnee schlagen und unter den Teig heben.

4 Den Teig in eine gefettete Gugelhupf- oder Kastenform füllen, auf dem Rost in die untere Schiene des Ofens schieben und im vorgeheizten Backofen bei 175 °C (Gas Stufe 2) etwa 60 Minuten backen.

MOHN-APFEL-KUCHEN

ZUTATEN
- 4 säuerliche Äpfel
- 1 TL Rum
- 1 EL Zitronensaft
- 250 g Butter
- 250 g Zucker
- 1 Prise Salz
- 1 Pck. Vanillezucker
- 4 Eier
- 250 g frisch gem. Mohn
- 1/2 Pck. Backpulver
- 250 g Mehl
- Puderzucker

1   Die Äpfel schälen, halbieren und die Kerngehäuse herausschneiden. 2 Hälften auf der Gemüsereibe raspeln und mit dem Rum vermengen. Die übrigen Hälften auf der gerundeten Seite mehrfach längs einschneiden und mit Zitronensaft beträufeln.

2   Die weiche Butter mit dem Zucker, 1 Prise Salz und dem Vanillezucker geschmeidig rühren. Die Eier einzeln zufügen, dann den Mohn, die geraspelten Äpfel und das mit Backpulver vermischte Mehl dazugeben.

3   Den Teig in eine gut gefettete oder mit Backpapier ausgelegte Springform füllen, mit den Apfelhälften belegen und im vorgeheizten Backofen bei 180 bis 200 °C (Gas Stufe 2 bis 3) auf der unteren Einschubleiste etwa 50 bis 60 Minuten backen. Den abgekühlten Kuchen mit Puderzucker überstäuben.

TIPP   Frisch gemahlenen Mohn kann man sehr gut einfrieren und gleich aus dem Gefrierfach verwenden.

ORANGEN-KUCHEN ▶

ZUTATEN
- 250 g Butter
- 200 g Zucker
- 5 Eier
- 100 g Raspel- schokolade
- Saft und Schale von 2 Orangen
- 200 g Mehl
- 50 g Speisestärke
- 2 TL Backpulver
- 2–3 EL Orangen- marmelade

1   Die Butter mit dem Zucker schaumig schlagen. Nach und nach die Eier unterrühren, dann die Schokoladenraspel und die Orangenschale zufügen. Das Mehl mit der Speisestärke und dem Backpulver vermengen, durch ein Sieb streichen und unterrühren.

2   Den Teig in eine gefettete Kastenform füllen und auf der mittleren Einschubleiste im vorgeheizten Backofen bei 180 °C

(Gas Stufe 2) etwa 60 Minuten backen.

3   Nach dem Backen den noch heißen Kuchen mit einem Holzstäbchen mehrfach von allen Seiten einstechen. Den Orangensaft durch ein feines Sieb gießen und den Kuchen esslöffelweise damit tränken.

4   Die Orangenmarmelade mit 1 Esslöffel Wasser aufkochen, glatt rühren und dünn auf den Kuchen streichen.

PFLAUMENKUCHEN

ZUTATEN
- 750 g Pflaumen
- 100 g Butter
- 100 g Zucker, Salz
- 1/2 Pck. Vanillezucker
- 3 Eier
- 100 g Mehl
- 200 g gem. Mandeln
- 1 TL Backpulver

FÜR DEN GUSS
- 100 g Marzipan-Rohmasse
- 3 EL Zucker
- 1/2 TL Zimt
- 1 Ei
- 100 ml süße Sahne
- 50 g gehackte Mandeln

1 Die Pflaumen waschen, trockenreiben, halbieren und entsteinen.

2 Die weiche Butter mit dem Zucker, 1 Prise Salz und Vanillezucker schaumig rühren. Die Eier nacheinander hinzufügen. Das Mehl mit den Mandeln und dem Backpulver mischen und unterrühren. Den Teig in eine gefettete Springform füllen und die Pflaumen dachziegelartig darauf verteilen.

3 Die Marzipan-Rohmasse in kleine Stückchen schneiden, dann mit dem Zucker, dem Zimt, dem Ei und der Sahne zu einer glatten Masse verrühren. Anschließend über die Pflaumen gießen und die gehackten Mandeln darüber streuen.

4 Im vorgeheizten Backofen bei 175 °C (Gas Stufe 2) auf der mittleren Schiene etwa 35 Minuten backen.

QUARKNAPFKUCHEN

ZUTATEN
- 150 g Butter
- 150 g Zucker, Salz
- 1 Pck. Vanillezucker
- 2 Eier
- 250 g Magerquark
- 250 g Mehl
- 100 g Speisestärke
- 1 Pck. Backpulver
- 2–3 EL Milch
- 150 g Rosinen
- Semmelbrösel
- Puderzucker

1 Die weiche Butter mit dem Zucker, 1 Prise Salz und dem Vanillezucker schaumig rühren. Nach und nach die Eier, dann den Quark unterrühren.

2 Das Mehl mit der Speisestärke und dem Backpulver mischen und portionsweise über den Teig sieben und einrühren. Dazwischen jeweils etwas Milch hinzugeben. Zum Schluss die Rosinen unterrühren.

3 Den Teig in eine gefettete und mit Semmelbröseln ausgestreute Napfkuchenform füllen und auf der unteren Schiene im vorgeheizten Backofen bei 180 °C (Gas Stufe 2) etwa 60 Minuten backen.

4 Den Kuchen kurz auskühlen lassen und erst dann stürzen. Den fast erkalteten Kuchen rundherum mit Puderzucker bestäuben.

ROTWEINKUCHEN

1 Die weiche Butter und den Zucker schaumig schlagen, dann die Eier einzeln dazugeben und unterrühren. Den Rotwein hineingießen.

2 Das Mehl mit dem Backpulver mischen, auf die Masse sieben und untermengen. Zuletzt den Kakao und die Schokoraspel zufügen. Der Teig sollte relativ flüssig sein.

3 Den Teig in eine gefettete Napfkuchen- oder Kastenform füllen und auf der unteren Schiene im vorgeheizten Backofen bei 180 °C (Gas Stufe 2) etwa 60 Minuten backen.

4 Den Puderzucker mit Rotwein glatt rühren und den Kuchen damit rundherum glasieren.

5 Nach Belieben Schlagsahne steif schlagen und dazu servieren.

TIPP Eine köstliche Variante: Nehmen Sie für diesen Kuchen im Winter einmal statt Rotwein die entsprechende Menge Glühwein oder Rumtopfflüssigkeit, und drücken Sie einige Rumtopffrüchte vor dem Backen oben in den Teig.

ZUTATEN
- *250 g Butter*
- *250 g Zucker*
- *4 Eier*
- *1/8 l Rotwein*
- *250 g Mehl*
- *2 TL Backpulver*
- *1 EL Kakao*
- *100 g Raspel-schokolade*

FÜR DEN GUSS
- *150 g Puderzucker*
- *2 EL Rotwein*

◄ # SCHOKOKUCHEN

1 Die Schokolade etwas zerkleinern, dann im Wasserbad schmelzen und ein wenig abkühlen lassen.

2 Butter mit Zucker, Vanillezucker und Eiern schaumig rühren. Geschmolzene Schokolade langsam hineingießen. Zunächst das mit Backpulver vermischte Mehl, dann die gehackten Nüsse unterrühren.

3 Den Teig in eine mit Backpapier ausgelegte flache, viereckige Form von 20 x 20 cm geben. Der Teig sollte etwa 2 bis 2,5 cm hoch in der Form stehen. Auf der mittleren Schiene im vorgeheizten Backofen bei 180 °C (Gas Stufe 2) etwa 50 bis 60 Minuten backen.

4 Den Kuchen nach dem Auskühlen in rechteckige Stücke schneiden und nach Belieben mit Grand Marnier beträufeln.

TIPP Sie können auch eine Fettpfanne nehmen. Schneiden Sie ein Stück Alufolie ab, das etwa 2/3 der Länge des Blechs hat. Falten Sie die Folie an einem Ende mehrfach und biegen Sie sie hoch, sodass ein Rand entsteht. Nun legen Sie die Folie so auf das Blech, dass der hochstehende Folienrand das Blech halbiert.

ZUTATEN
- *100 g Zartbitter-schokolade*
- *100 g Butter*
- *150 g brauner Zucker*
- *1/2 Pck. Vanillezucker*
- *2 Eier*
- *100 g Mehl*
- *1/2 TL Backpulver*
- *50 gehackte Pecan-oder Walnüsse*
- *3 EL Grand Marnier*

SCHOKO-SCHNITTEN

1 Die weiche Butter schaumig rühren. Zucker und Eier nach und nach zugeben und einarbeiten. Rum, Kakao, Schokoraspel und Mandeln unterrühren. Das Mehl darüber sieben und unterheben.

2 Den Teig in eine mit Backpapier ausgelegte flache, viereckige Form von 20 x 20 cm geben. Auf der mittleren Schiene im vorgeheizten Backofen bei 180 °C (Gas Stufe 2) etwa 30 bis 40 Minuten backen.

3 Die Kuvertüre im Wasserbad schmelzen. Den noch heißen Kuchen damit bestreichen, dann in kleine Rechtecke schneiden.

ZUTATEN
- *200 g Butter*
- *200 g Zucker*
- *5 Eier*
- *1 EL Rum*
- *1 EL Kakao*
- *100 g Raspel-schokolade*
- *200 g gem. Mandeln*
- *80 g Mehl*
- *200 g Kuvertüre*

- *1 Glas Sauerkirschen*
- *100 g Butter*
- *125 g Zucker*
- *1 Prise Salz*
- *1 Pck. Vanillezucker*
- *2 Eier*
- *150 g Mehl*
- *50 g Speisestärke*
- *1/2 Pck. Backpulver*
- *Puderzucker*
- *Backpapier*

„VERKEHRTER KIRSCHKUCHEN"

1   Die Kirschen gut abtropfen lassen. Die weiche Butter mit dem Zucker, 1 Prise Salz und dem Vanillezucker schaumig rühren. Die Eier unterrühren. Das Mehl mit Speisestärke und Backpulver mischen, durch ein Sieb streichen und unter den Teig heben.

2   Eine Springform mit gefettetem Backpapier auslegen, die Kirschen darauf schütten und den Teig darüber verteilen. Den Kuchen im vorgeheizten Backofen bei 180 °C (Gas Stufe 2) etwa 50 bis 55 Minuten backen.

3   Den Kuchen in der Form erkalten lassen, stürzen und das Papier abziehen. Den abgekühlten Kuchen dick mit Puderzucker bestäuben.

TIPP: BACKTEMPERATUREN

Die benötigte Temperatur ist beim Heißluftofen 15 bis 20 % niedriger als beim konventionell beheizten Ofen, die Backzeit dafür 10 % länger. Heißluftöfen müssen im Gegensatz zu konventionellen Öfen nicht vorgeheizt werden. Die folgende Temperaturumrechnungstabelle gibt Circa-Werte an:

ELEKTROHERD	HEISSLUFTHERD	GASHERD
120 °C	100 °C	Stufe 1
150 °C	125 °C	Stufe 2
180 °C	150 °C	Stufe 3
210 °C	180 °C	Stufe 4
240 °C	210 °C	Stufe 5

TIPPS FÜR RÜHRTEIG

■

Wichtig für das Gelingen eines Rührteiges ist, dass alle Zutaten die gleiche Temperatur haben. Gerinnt die Masse doch einmal, weil die Eier zu kalt waren, stellen Sie die Schüssel in ein warmes Wasserbad und rühren den Teig wieder glatt.

■

Bräunt die Oberfläche eines Kuchens zu stark, legen Sie nach 2/3 der Backzeit entweder ein Stück Alufolie oder Backpapier über den Kuchen, oder Sie schieben ein Backblech über dem Kuchen in den Backofen ein, um die Oberhitze zu reduzieren.

■

Ist die Oberfläche des Kuchens zu dunkel geworden, schneiden Sie die dunklen Stellen einfach ab und überziehen den Kuchen mit einem Schokoladen- oder Zuckerguss.

■

Löst sich der Kuchen nicht aus der Form, wickeln Sie ein feuchtes, heißes Tuch für einige Minuten um die Form.

■

Wird ein Rührkuchen zu trocken, stechen Sie ihn mit einer Stopfnadel mehrfach ein und tränken ihn mit Fruchtsaft oder Likör.

■

So wird ein Kuvertüreüberzug glatt und glänzend

Die Kuvertüre grob zerkleinern, im nicht zu heißen Wasserbad langsam erhitzen, bis sie geschmolzen ist. Etwas abkühlen lassen und erneut auf Handwärme erhitzen. In die Mitte des Kuchens gießen und mit einer angewärmten Palette verstreichen.

Rührkuchen sind nicht nur schnell, sondern auch einfach zuzubereiten. Seit es elektrische Handrührgeräte und Küchenmaschinen gibt, sind die Zeiten des langen Rührens vorbei. Ruck, zuck steht ein herrlicher saftiger Rührkuchen auf dem Tisch, der großen und kleinen Gästen gleichermaßen schmeckt.

VERSUNKENER APFELKUCHEN ▶

ZUTATEN
- Zutaten
- 125 g Butter oder Margarine
- 125 g Zucker
- 2 Eier
- Saft von 1 Zitrone
- 150 g Mehl
- 50 g Speisestärke
- 2 TL Backpulver
- 4–5 säuerliche Äpfel
- Puderzucker

1 Butter oder Margarine mit Zucker schaumig schlagen, dann die Eier einzeln unterrühren und die Hälfte des Zitronensaftes dazugeben. Das Mehl mit Speisestärke und Backpulver mischen und hineinrühren.

2 Die säuerlichen Äpfel schälen, halbieren und das Kerngehäuse entfernen. Auf der gewölbten Seite fächerförmig einschneiden und sofort mit dem restlichen Zitronensaft beträufeln.

3 Eine Springform einfetten und den Teig einfüllen. Anschließend die Äpfel mit der Wölbung nach oben auf die Teigmasse legen. Im vorgeheizten Backofen bei 200 °C (Gas Stufe 3) auf der zweiten Schiene von unten etwa 30 Minuten backen.

4 Nach dem Backen den Kuchen einige Zeit abkühlen lassen, dann aus der Springform lösen und mit Puderzucker bestäuben.

VERSUNKENER RHABARBERKUCHEN

ZUTATEN
FÜR DEN BODEN:
- 150 g Butter
- 125 g Zucker
- 1 Pck. Vanillezucker
- 2 Eier, 3 Eigelb
- 150 g Mehl
- 75 g Speisestärke
- 2 TL Backpulver
- Fett
FÜR DEN BELAG:
- 300 g Rhabarber
- 3 EL Semmelbrösel
- 200 g Zucker
- 3 Eiweiß, Salz
- 50 g gem. Haselnüsse
- 1 EL Zitronensaft

1 Die weiche Butter mit Zucker, Vanillezucker, Eiern und Eigelben schaumig rühren. Mehl mit Speisestärke und Backpulver mischen, durch ein Sieb streichen und vorsichtig unterheben. Den Teig in eine gefettete Springform geben.

2 Den Rhabarber schälen und in 3 cm lange Stücke schneiden. Mit Semmelbröseln bestreuen und gleichmäßig auf dem Teig verteilen. Vom Zucker 3 Esslöffel

abnehmen und darüber streuen. Den Teig im vorgeheizten Backofen bei 180 °C (Gas Stufe 2) auf der mittleren Schiene etwa 25 Minuten backen.

3 Inzwischen das Eiweiß mit 1 Prise Salz steif schlagen. Den restlichen Zucker, die Nüsse und den Zitronensaft unterrühren. Den Kuchen kurz aus dem Ofen nehmen, die Baisermasse daruf verteilen und ca. 20 Minuten weiter backen.

APFEL-BLITZKUCHEN

ZUTATEN
- 300 g Mehl
- 1 Pck. Backpulver
- 200 g Zucker
- 1 Prise Salz
- je 75 ml Öl und Wasser
- 4 Eier
- 1 ½ kg säuerliche Äpfel
- 3 EL Zitronensaft
- 4 cl Calvados (nach Belieben)
- 1 TL Zimt
- 2 EL Zucker

1 Mehl mit Backpulver, Zucker und 1 Prise Salz mischen. Öl, Wasser und Eier unterrühren. Den Teig auf ein gefettetes oder mit Backpapier ausgelegtes Backblech gießen.

2 Die Äpfel schälen, halbieren, von den Kerngehäusen befreien und in Spalten schneiden. Diese dachziegelartig auf dem Teig verteilen, mit Zitronensaft und Calvados beträufeln. Zimt und Zucker mischen und die Äpfel damit bestreuen.

3 Den Kuchen im vorgeheizten Backofen bei 200 °C (Gas Stufe 3) auf der mittleren Schiene 25 bis 30 Minuten backen.

VARIANTE Beeren-Blitzkuchen: Belegen Sie im Sommer den Kuchen auch einmal mit 750 g Johannisbeeren oder Erdbeeren, beträufeln Sie ihn mit Grappa oder Trester, und bestreuen Sie ihn mit einer Mischung aus 2 Esslöffeln Zucker und 1 Teelöffel Vanillezucker.

BLITZKUCHEN ▶

ZUTATEN FÜR DEN BODEN:
- 4 Eier
- 125 g Zucker
- 200 g saure Sahne
- 300 g Mehl
- 1 Pck. Backpulver

FÜR DEN BELAG:
- 125 g Butter
- 100 g Zucker
- 75 g süße Sahne
- 100 g Mandelblättchen

1 Die Eier mit dem Zucker und der Sahne schaumig rühren. Mehl und Backpulver mischen, durch ein Sieb streichen und unterrühren.

2 Den Teig auf ein gefettetes oder mit Backpapier ausgelegtes Backblech geben und etwa 10 Minuten auf der Mittelschiene im vorgeheizten Backofen bei 200 °C (Gas Stufe 3) backen.

3 Unterdessen die Butter in einem Topf schmelzen. Zucker, Sahne und Mandelblättchen zufügen. Die Masse einmal aufkochen lassen, dann auf den Teig gießen und weitere 10 Minuten backen.

BUTTERMILCHKUCHEN

ZUTATEN
FÜR DEN BODEN:
- 3 Eier
- 250 g Zucker
- 300 ml Buttermilch
- 400 g Mehl
- 1 Pck. Backpulver

FÜR DEN BELAG:
- 200 g gehackte Mandeln
- 125 g Zucker
- 200 g süße Sahne

1 Eier mit Zucker und Buttermilch schaumig rühren. Mehl und Backpulver mischen, durch ein Sieb streichen und unterrühren. Den Teig auf ein gefettetes Backblech geben.

2 Die Mandeln und den Zucker mischen und auf dem Teig verteilen. Den Kuchen auf der mittleren Schiene im vorgeheizten Backofen bei 175°C (Gas Stufe 2) 20 bis 30 Minuten backen. Nach dem Backen die Sahne auf dem heißen Kuchen verteilen.

TIPP Möchten Sie Ihren Buttermilchkuchen fruchtig servieren, belegen Sie den Teig mit dünnen Apfelspalten und Rosinen und streuen etwas Vanillezucker darüber. Probieren Sie auch einmal als Belag Mandelblättchen, die in einer beschichteten Pfanne ohne Fettzugabe angeröstet worden sind, oder streuen Sie gehackte Walnüsse auf den Teig und träufeln etwas Eierlikör darüber.

ERDBEERDATSCHI AUF BLÄTTERTEIG ▶

ZUTATEN
- 6 Scheiben TK-Blätterteig (450 g)
- 1 1/2 kg kleine Erdbeeren
- 6 eckige Backoblaten (ca. 12 x 20 cm)
- 180 g Zucker
- 2 Pck. Vanillezucker
- 100 g Kokosraspel

1 Blätterteig auftauen lassen. Erdbeeren unter fließendem kaltem Wasser kurz abbrausen, dann trockentupfen und entkelchen.

2 Den Blätterteig mit Wasser bepinseln, aufeinander legen und auf einer bemehlten Arbeitsfläche zu einer Platte ausrollen, die etwa 2 cm größer ist als das Backblech.

3 Das Backblech kalt spülen, einfetten und mit Wasser besprenkeln. Die Blätterteigplatte darauf legen und mit einer Gabel mehrfach einstechen.

4 Die Oblaten so auf den Teig legen, dass sie sich etwas überlappen und die Erdbeeren darauf verteilen. Den Zucker, Vanillezucker und die Kokosraspel mischen und gleichmäßig über die Erdbeeren streuen. Den Erdbeerdatschi im vorgeheizten Ofen bei 220 °C (Gas Stufe 4) auf der Mittelschiene etwa 30 bis 35 Minuten backen.

FLORENTINER KUCHEN

1 Zuerst die Sahne mit den Eiern und dem Zucker gut verquirlen, dann das Mehl mit dem Backpulver mischen, durch ein Sieb streichen und hineinrühren.

2 Den Teig auf ein mit Backpapier ausgelegtes Backblech geben und im vorgeheizten Backofen bei 180 °C (Gas Stufe 2) etwa 10 Minuten backen.

3 Die Butter in einem Topf bei ganz schwacher Hitze schmelzen. Den Honig und die Mandelblättchen zufügen und unter Rühren erhitzen, bis sich Butter und Honig zu einer Masse verbunden haben. Die Mischung auf dem Teig verteilen, glatt streichen und weitere 10 Minuten backen.

ZUTATEN
FÜR DEN BODEN:
- *200 g süße Sahne*
- *3 Eier*
- *125 g Zucker*
- *200 g Mehl*
- *1 Pck. Backpulver*

FÜR DEN BELAG:
- *125 g Butter*
- *6 EL Honig*
- *200 g Mandelblättchen*

◄ HASELNUSS-BLITZKUCHEN

1 Die Eier trennen. Die Eigelbe mit 100 g Zucker schaumig schlagen. Dann die Nüsse unterheben. Das Eiweiß mit dem restlichen Zucker steif schlagen und unter die Nussmasse ziehen.

2 Ein herzförmiges Backblech mit Backpapier auslegen und den Teig darauf gießen. Im vorgeheizten Backofen bei 180 °C (Gas Stufe 2) auf der mittleren Schiene etwa 45 Minuten backen. Dann den Kuchen sofort vom Backpapier lösen.

TIPP Wenn noch Zeit bleibt, können Sie den Haselnuss-Blitzkuchen mit Kuvertüre, Geschmacksrichtung Nuss, überziehen und eventuell auch noch ein paar gehackte Haselnüsse darüber streuen. Schneller geht's natürlich, wenn Sie den Kuchen nur mit Puderzucker bestäuben.

ZUTATEN
- *8 Eier*
- *180 g Zucker*
- *400 g gem. Haselnüsse*

JOGURTKUCHEN

- 650 g Naturjogurt
- 5 Eier
- 500 g Zucker
- 1 Pck. Vanillezucker
- Saft und Schale von
  1 Orange
- 150 g Butter
- 1 1/2 Pck. Backpulver
- 600 g Grieß
- Semmelbrösel
- 50 g gehackte
  Pistazien

1 Den Jogurt mit den Eiern, 200 g Zucker, dem Vanillezucker und der Orangenschale gut verrühren. Zunächst die weiche Butter, dann den mit Backpulver vermischten Grieß unterrühren.

2 Ein Backblech einfetten und mit Semmelbröseln bestreuen. Anschließend den Teig darauf glatt streichen und auf der mittleren Schiene im vorgeheizten Backofen bei 175 °C (Gas Stufe 2) etwa 45 bis 50 Minuten backen.

3 Unterdessen den restlichen Zucker mit einem 3/4 Liter Wasser zu einem dick-flüssigen Sirup einkochen lassen und den Orangensaft durch ein Sieb dazugießen. Den Sirup kalt stellen.

4 Den Kuchen kurz abkühlen lassen und mit dem erkalteten Zuckersirup tränken. Mit gehackten Pistazien garnieren.

TIPP Ersetzen Sie auch einmal die Hälfte des Orangensafts durch Zitronensaft und rühren Sie 1 Esslöffel Rum unter den Teig. Ein besonders intensives Aroma erhält der Kuchen, wenn Sie statt des Vanillezuckers das Mark von 1/2 Vanilleschote verwenden.

TIPPS FÜR MÜRBETEIG

Wird Mürbeteig zu fest und bröselig, sodass er sich nicht mehr ausrollen lässt, formen Sie ihn zu einer Kugel, drücken oben eine Mulde hinein, in die Sie etwas Milch geben, und kneten diese dann unter, bis der Teig wieder geschmeidig ist.

Wenn Sie Mürbeteig nach dem Backen zu lange in der Form oder auf dem Blech stehen lassen, bleibt er daran haften und lässt sich nicht mehr ablösen. Schieben Sie ihn noch einmal in den heißen Ofen, und lösen Sie ihn dann ab.

KIRSCH-SCHMAND-KUCHEN

1 Aus Vanillepuddingpulver, Milch und Zucker nach Packungsaufschrift einen Pudding kochen und unter mehrfachem Umrühren erkalten lassen.

2 Die Sauerkirschen vor Verwendung gut abtropfen lassen.

3 Die weiche Butter zuerst mit Zucker gut verrühren. Dann nach und nach die Eier einarbeiten. Das Mehl mit dem Backpulver vermengen, durch ein Sieb streichen und unterrühren.

4 Den Teig auf einem gefetteten oder mit Backpapier ausgelegten Backblech verteilen und im vorgeheizten Backofen auf der mittleren Einschubleiste bei 200 °C (Gas Stufe 4) etwa 10 Minuten backen.

5 Den Schmand unter den erkalteten Pudding ziehen und auf den vorgebackenen Teig streichen. Die Sauerkirschen gleichmäßig darauf verteilen und den Kuchen weitere 20 Minuten backen lassen.

TIPP Schmand ist mit 24 % Fettgehalt recht kalorienreich. Wer den Kuchen weniger gehaltvoll zubereiten möchte, kann auch saure Sahne verwenden, die mit 10 % Fett weniger stark zu Buche schlägt. Außerdem können Sie die Kirschen auch gegen anderes Obst austauschen, z. B. gegen Mandarinen aus der Dose. Dies bleibt einzig und allein Ihrem persönlichen Geschmack überlassen.

ZUTATEN
- *2 Pck. Vanillepuddingpulver*
- *3/4 l Milch*
- *4 EL Zucker*
- *2 Gläser Sauerkirschen (entsteint)*
- *100 g Butter*
- *175 g Zucker*
- *3 Eier*
- *200 g Mehl*
- *1/2 Pck. Backpulver*
- *600 g Schmand*

KOKOSKUCHEN

ZUTATEN
- *200 g Kokosflocken*
- *125 g Butter*
- *125 g Zucker*
- *1 Pck. Vanillezucker*
- *3 Eier*
- *250 g Mehl*
- *1/2 Pck. Backpulver*
- *400 g süße Sahne*
- *2 Pck. Sahnesteif*
- *100 g rote Marmelade*

1   Die Hälfte der Kokosflocken auf einem mit Backpapier belegten Backblech auf der mittleren Schiene des Ofens bei 150 °C (Gas Stufe 1) etwa 10 Minuten rösten, bis sie goldgelb werden.

2   Inzwischen die weiche Butter mit Zucker, Vanillezucker und den Eiern schaumig rühren. Dann das Mehl mit dem Backpulver mischen, durch ein Sieb streichen und dazugeben. Die gerösteten Kokosflocken unterrühren.

3   Den Teig auf einem gefetteten oder mit Backpapier ausgelegten Backblech verteilen und auf der mittleren Schiene im vorgeheizten Backofen bei 175 °C (Gas Stufe 2) etwa 30 Minuten backen.

4   Die Sahne mit Sahnesteif schlagen. Den abgekühlten Kuchen waagerecht halbieren. Die untere Hälfte dünn mit Marmelade bestreichen, ein Drittel der Sahne darüber verteilen.
Die zweite Kuchenhälfte aufsetzen und die restliche Sahne darüber verstreichen. Mit den restlichen Kokosflocken bestreuen.

VERSUNKENER KIRSCHKUCHEN ▶

ZUTATEN
- *2 Gläser Sauerkirschen, entsteint*
- *250 g Butter*
- *200 g Zucker*
- *1 Pck. Vanillezucker*
- *Schale von 1/2 Zitrone*
- *5 Eier*
- *125 g Mehl*
- *150 g gem. Mandeln*
- *125 g Speisestärke*
- *1/2 Pck. Backpulver*
- *100 g Puderzucker*

1   Die Kirschen im Sieb gut abtropfen lassen. Die weiche Butter mit Zucker, Vanillezucker, Zitronenschale und den Eiern schaumig rühren. Das Mehl mit Mandeln, Speisestärke und Backpulver mischen und ebenfalls unterrühren.

2   Den Teig auf einem gefetteten oder mit Backpapier ausgelegten Backblech verteilen und die abgetropften Kirschen leicht hineindrücken. Auf der mittleren Schiene im vorgeheizten Backofen bei 200 °C (Gas Stufe 3) etwa 35 Minuten backen.

3   Den Puderzucker über den abgekühlten Kuchen sieben.

ZITRONENKUCHEN

ZUTATEN
- 300 g Butter
- 300 g Zucker
- 1 Pck. Vanillezucker
- 5 Eier
- Saft von 3 Zitronen
- 300 g Mehl
- 1 Pck. Backpulver
- 150 g Puderzucker

1 Die weiche Butter mit dem Zucker und Vanillezucker schaumig rühren. Nach und nach die Eier einzeln einarbeiten. Den Saft von 2 Zitronen dazugeben. Das Mehl mit dem Backpulver vermischen, durch ein Sieb streichen und unterrühren.

2 Den Teig auf ein gefettetes oder mit Backpapier ausgelegtes Backblech geben und auf der mittleren Schiene im vorgeheizten Backofen bei 180 °C (Gas Stufe 2) etwa 20 Minuten backen.

3 Für den Guss den Puderzucker mit dem restlichen Zitronensaft verrühren, auf den abgekühlten Kuchen gießen und gleichmäßig verstreichen.

ZUCKERKUCHEN

**ZUTATEN
FÜR DEN BODEN:**
- 200 g süße Sahne
- 125 g Zucker
- 1 Pck. Vanillezucker
- 4 Eier
- 200 g Mehl
- 2 TL Backpulver

FÜR DEN BELAG:
- 60 g Zucker
- 100 g Butter
- 3 EL süße Sahne

1 Für den Boden die Sahne mit dem Zucker und Vanillezucker schaumig rühren. Nach und nach die Eier einarbeiten. Das Mehl mit dem Backpulver vermengen, durch ein Sieb streichen und unterrühren.

2 Den Teig auf ein gefettetes oder mit Backpapier ausgelegtes Backblech geben und auf der mittleren Schiene im vorgeheizten Backofen bei 175 °C (Gas Stufe 2) etwa 15 Minuten backen.

3 Währenddessen für den Belag den Zucker, die Butter und die Sahne in einem Topf erwärmen. Die Masse auf dem vorgebackenen Kuchen verteilen und weitere 10 Minuten backen.

ZWETSCHGENKUCHEN

ZUTATEN
FÜR DEN BODEN:
- *300 g Magerquark*
- *8 EL Öl*
- *2 Eier*
- *100 g Zucker*
- *400 g Mehl*
- *½ TL Backpulver*
- *3–4 EL Milch*

FÜR DEN BELAG:
- *100 g Zwieback*
- *2 Pck. Vanillezucker*
- *100 g gem. Mandeln*
- *2 kg Zwetschgen*
- *3–4 Eier
  (je nach Größe)*
- *200 g Crème fraîche*
- *200 g süße Sahne*
- *100 g Zucker*

1 Für den Boden den Quark in einem Küchentuch ausdrücken, dann mit dem Öl, den Eiern und dem Zucker verrühren. Das Mehl mit dem Backpulver mischen und unterkneten. Soviel Milch hinzufügen, bis der Teig geschmeidig ist und sich leicht ausrollen lässt.

2 Ein Backblech fetten oder mit Backpapier auslegen und den Teig darauf ausrollen.

3 Für den Belag den Zwieback zerbröseln, mit Vanillezucker und Mandeln mischen und gleichmäßig auf den Boden streuen.

4 Die Zwetschgen waschen, halbieren und entsteinen. Die Hälften am spitz zulaufenden Ende einschneiden und dachziegelartig in den Teig stecken.

5 Die Eier, Crème fraîche, Sahne und Zucker miteinander verquirlen und über die Zwetschgen gießen.

6 Den Kuchen auf der mittleren Schiene im vorgeheizten Backofen bei 175 °C (Gas Stufe 2) 35 bis 45 Minuten backen.

TIPP

So bringen Sie den Teig aufs Backblech oder in die Backform

■

Wickeln Sie die ausgerollte Teigplatte um das bemehlte Nudelholz, und rollen Sie sie auf dem Blech oder über der Form wieder ab .

■

Rollen Sie den Teig zwischen zwei Lagen Frischhaltefolie aus. Mit der unteren Folie den Teig anheben und auf das Blech oder in die Form stürzen.

SCHÖN FRISCH –
KUCHEN
MIT QUARK UND JOGURT

ANANAS-KÄSE-KUCHEN

1   Für den Boden die Löffelbiskuits und den Zwieback auf einer Gemüsereibe fein reiben oder mit dem Nudelholz zerdrücken. Die Kokosraspel und den Vanillezucker untermischen. Die Masse mit der weichen Butter verkneten.

2   Den Boden einer Springform (Ø 26 cm) mit Backpapier auslegen, den Rand einfetten und leicht mit Mehl bestäuben. Die Krümelmasse als Boden hineindrücken.

3   Für die Füllung den Quark in einem Sieb abtropfen lassen, dann mit Zitronensaft, Ei und Zucker zu einer glatten Masse verrühren, in die Form füllen und auf dem Boden glatt streichen.

4   Den Kuchen im vorgeheizten Backofen bei 180 bis 200 °C (Gas Stufe 2 bis 3) auf der unteren Schiene etwa 25 bis 30 Minuten backen.

5   Die Ananasstücke abtropfen lassen. Den Saft auffangen, eventuell mit Wasser auffüllen, sodass 1/4 Liter Flüssigkeit bereit steht. Den Kuchen etwas abkühlen lassen, dann mit Ananasstückchen belegen.

6   Das Tortengusspulver mit Ananassaft und Zucker nach Packungsaufschrift zubereiten und auf dem Kuchen verteilen. Mit Kokosraspel bestreuen.

VARIANTE   Mango-Käse-Kuchen: Einen Boden wie oben beschrieben zubereiten, in eine gefettete Springform füllen und einen Rand hochziehen. Den Boden mit einer Mischung aus je 20 Gramm Semmelbrösel und Kokosraspel bestreuen. Für den Belag 2 vollreife Mangos schälen, halbieren, den Kern entfernen und das Fruchtfleisch in dünne Spalten schneiden. Die Früchte mit Küchenkrepp etwas trockentupfen, dann auf dem Kuchenboden verteilen. Für die Quarkmasse 50 Gramm weiche Butter mit 2 Eigelb, 100 Gramm Zucker, 1/2 Teelöffel Zitronenschale, 500 Gramm Magerquark, 40 Gramm Speisestärke und 1/8 Liter Milch verrühren. Dann 2 steif geschlagene Eiweiße vorsichtig unterheben. Die Masse über den Mangos verteilen und glatt streichen. 1 Eigelb mit etwas Milch verrühren und die Quarkmasse damit bestreichen. Den Kuchen im vorgeheizten Backofen bei 200 °C (Gas Stufe 3) auf der unteren Schiene etwa 50 Minuten backen.

◄ KIWI-JOGURT-TORTELETTS

1 Die Gelatine 10 Minuten in kaltem Wasser einweichen. Kiwis schälen und in Scheiben schneiden. 5 bis 6 Scheiben zum Verzieren beiseite legen. Die übrigen Scheiben würfeln, mit Zucker und Jogurt verrühren.

2 Gelatine in einem Topf bei milder Hitze auflösen, erst 2 Esslöffel der Jogurtmasse, dann den Rest unterrühren und kalt stellen.

3 Die Sahne steif schlagen. Sobald die Jogurtmasse zu gelieren beginnt, die Sahne vorsichtig unterziehen und in die Torteletts füllen. Die restlichen Kiwischeiben halbieren und die Torteletts damit garnieren.

TIPP Torten mit Kiwis und Milchprodukten sollten möglichst rasch serviert und verzehrt werden. Außerdem sollten Kiwis immer so spät wie möglich zugefügt werden. Kiwis enthalten nämlich das so genannte Actinidin, ein Enzym, das in Verbindung mit Luft aktiv wird und die Milchprodukte sauer werden lässt.

ZUTATEN
- *10–12 Mürbeteig-Torteletts*
- *5 Blatt weisse Gelatine*
- *5 Kiwis, 3 EL Zucker*
- *150 g Naturjogurt*
- *100 g süße Sahne*

KÖRNIGER KÄSEKUCHEN

1 Die weiche Butter mit dem Zucker geschmeidig rühren. Das Mehl mit dem Backpulver mischen, durch ein Sieb streichen und unterrühren. Den Teig vorsichtig ausrollen und auf den Boden einer gefetteten Springform legen. Dabei einen Rand hochziehen.

2 Den Frischkäse durch ein Sieb streichen und mit der sauren Sahne glatt rühren. Die Eier trennen. Die Eigelbe, Zucker, Vanillezucker, Zitronensaft und -schale sowie die Rosinen unter den Frischkäse mischen.

3 Das Eiweiß steif schlagen und vorsichtig unterheben. Die Käsemasse auf den Teigboden gleiten lassen und glatt streichen.
Auf der unteren Schiene im vorgeheizten Backofen bei 175 °C (Gas Stufe 2) etwa 50 Minuten backen.

ZUTATEN
FÜR DEN BODEN:
- 125 g Butter
- 4 EL Zucker
- 200 g Mehl
- 1/2 TL Backpulver

FÜR DIE FÜLLUNG:
- *400 g körniger Frischkäse*
- *100 g saure Sahne*
- *2 Eier, 5 EL Zucker*
- *1 TL Vanillezucker*
- *Saft und Schale von 1/2 Zitrone*
- *50 g Rosinen*

STACHELBEER-RICOTTATORTE

ZUTATEN

- *200 g Zwieback*
- *125 g Puderzucker*
- *150 g weiche Butter*
- *500 g Stachelbeeren*
- *2 Eier*
- *500 g Ricotta*
- *100 ml Milch*
- *30 g Speisestärke*
- *1 TL Backpulver*

1 Für den Boden den Zwieback fein zerbröseln, mit 3 Esslöffeln Puderzucker und 75 g Butter zu Bröseln kneten. Gleichmäßig in die gefettete Springform drücken.

2 Die Stachelbeeren waschen, von Blüten und Stielansätzen befreien und trockentupfen. Den Ofen auf 175 °C (Gas Stufe 2) vorheizen.

3 Die Eier trennen. Ricotta mit Milch, restlicher Butter und gesiebtem Puderzucker, Eigelben, Speisestärke sowie dem Backpulver glatt rühren. Eiweiße steif schlagen und unterheben.

4 Stachelbeeren in die Ricottacreme rühren und das Ganze auf dem Zwiebackboden verteilen. Den Kuchen auf der Mittelschiene etwa 60 Minuten backen.

QUARK-STREUSEL-KUCHEN ▶

ZUTATEN
FÜR DEN BODEN:
- *500 g Mehl*
- *1 TL Backpulver*
- *250 g Zucker*
- *1 Pck. Vanillezucker*
- *Schale von 1/2 Zitrone*
- *150 g kalte Butter*
- *1 Ei, 1 Eigelb*

FÜR DIE FÜLLUNG:
- *1 kg Magerquark*
- *3 Eier*
- *80 g Butter*
- *125 g Zucker*
- *1 Pck. Vanillezucker*
- *Saft von 1 Zitrone*
- *75 g Mehl*
- *1 Pck. Backpulver*

1 Für den Boden Mehl, Backpulver, Zucker, Vanillezucker und Zitronenschale vermengen. Die Butter in Flöckchen darauf verteilen. Das Ei und das Eigelb in einem Teller mit einer Gabel verschlagen und dazugeben. Die Masse rasch mit dem Knethaken oder den Händen zu Streuseln kneten.

2 Für die Füllung den Quark in einem Sieb abtropfen lassen. Dann mit den Eiern, der weichen Butter, Zucker, Vanillezucker und Zitronensaft zu einer glatten, homogenen Masse verrühren. Mehl und Backpulver

mischen, durch ein Sieb streichen und vorsichtig unter die Quarkmasse heben.

3 Die Hälfte der Streusel in eine gefettete Springform krümeln, die Quarkmasse darauf verteilen und den restlichen Teig darüber bröseln. Den Kuchen auf der unteren Schiene im vorgeheizten Backofen bei 180 °C (Gas Stufe 2) etwa 50 Minuten backen.

VARIANTE Quark-Pfirsich-Kuchen mit Streuseln: Geben Sie 350 Gramm abgetropfte Pfirsiche unter die Quarkmasse.

Herrlich fruchtig –
Obsttorten, Wähen und Tartes

GRUNDREZEPT MÜRBETEIGBODEN

ZUTATEN
- 180 g Mehl
- 1 TL Backpulver
- 100 g kalte Butter
- 1 Prise Salz
- 75 g Zucker
- 1 Pck. Vanillezucker
- 1 Ei

1 Das Mehl mit dem Backpulver mischen und in eine Schüssel sieben. Die Butter in Flöckchen darauf verteilen. 1 Prise Salz, Zucker, Vanillezucker und das Ei hinzufügen.

2 Den Mürbeteig mit dem Knethaken des Handrührgeräts kurz auf niedrigster, dann auf höchster Stufe gut durcharbeiten. Anschließend die Masse auf der leicht bemehlten Arbeitsfläche schnell zu einem glatten Teig kneten. Diesen zur Kugel formen und in Folie gewickelt 30 bis 40 Minuten kühl stellen.

3 Den Mürbeteig auf der bemehlten Arbeitsfläche rund und nicht zu dünn

(ca. 0,5 cm) ausrollen, in eine gefettete Obsttortenform legen und den Rand gut andrücken. Den Teigboden mehrmals mit einer Gabel einstechen.

4 Auf der Mittelschiene im vorgeheizten Backofen bei 180 bis 190 °C (Gas Stufe 2 bis 3) 15 bis 20 Minuten backen. Den fertigen Tortenboden sofort aus der Form lösen und auf einem Kuchengitter auskühlen lassen.

TIPP Mürbeteigboden lässt sich gut einfrieren. Tiefgekühlt ist er etwa fünf Monate haltbar. Bei Bedarf tauen Sie ihn im vorgeheizten Backofen bei 175 °C (Gas Stufe 2) in 15 Minuten auf.

GRUNDREZEPT QUARK-ÖL-TEIG

ZUTATEN
- 125 g Magerquark
- 70 g Zucker
- 5 EL Milch
- 5 EL Öl
- 1 Prise Salz
- 1 Ei
- 300 g Mehl
- 1 Pck. Backpulver

1 Den Quark mit Zucker, Milch, Öl, 1 Prise Salz und dem Ei gut verrühren.

2 Das Mehl mit dem Backpulver vermengen, durch ein Sieb streichen und

zum Teig geben. Die Masse mit den Knethaken zu einem glatten Teig kneten.

3 Weiterverarbeiten, wie im jeweiligen Rezept angegeben.

Apfel- und Himbeer-Pie

1 Mehl und Fett so lange verkneten, bis kleine Krümel entstehen, dann den Zucker hineinkneten. Ein Eigelb und so viel kaltes Wasser dazugeben, dass ein fester, geschmeidiger Teig entsteht. In Frischhaltefolie gewickelt in den Kühlschrank legen und ruhen lassen während Sie die Füllung vorbereiten.

2 Äpfel vierteln, schälen, von den Kerngehäusen befreien und in Spalten schneiden. In einer tiefen Pfanne mit Zucker, Zimt und Calvados anschwitzen, bis die Äpfel weich sind, aber nicht zerfallen. Abkühlen lassen. Himbeeren verlesen, möglichst nicht waschen.

3 Teig in drei gleich große Stücke teilen, zwei davon zur Größe der Pieformen ausrollen und diese damit auslegen. Zunächst eine Schicht Apfelspalten hineingeben, dann Himbeeren darüber streuen, dann wieder Äpfel und zum Schluss eine Lage Himbeeren.

4 Das dritte Teigstück ausrollen, in Streifen schneiden und über Kreuz auf die Füllung legen. Das zweite Eigelb mit etwas Wasser verquirlen und auf die Teigstreifen streichen. Mit Hagelzucker bestreuen und im vorgeheizten Backofen bei 190 °C (Gas Stufe 3) in etwa 25 Minuten goldbraun backen.

5 Servieren Sie den Pie mit frischer Schlagsahne.

ZUTATEN FÜR DEN TEIG:

- *350 g Weizenmehl*
- *75 g Butter oder Margarine*
- *150 g Zucker*
- *2 Eigelb*
- *etwas kaltes Wasser*
- *2 EL Hagelzucker*

FÜR DIE FÜLLUNG:

- *5 große säuerliche Äpfel*
- *50 g Zucker*
- *1 Msp. gem. Zimt*
- *1 cl Calvados*
- *450 g frische Himbeeren*

APRIKOSENTARTE ▶

ZUTATEN
- 1 Rezept
  Quark-Öl-Teig
- Fett
- 800 g Aprikosen
- 1 Pck. Vanillezucker
- 225 g Aprikosen-
  marmelade

1 Quark-Öl-Teig herstellen. Pie- oder Wähenform fetten und den Teig sorgfältig hineindrücken, am Rand etwas hochziehen.

2 Die Aprikosen in reichlich kochendem Wasser einige Sekunden blanchieren. Dann mit einer Schaumkelle herausnehmen, häuten, halbieren und entsteinen.

3 Die Früchte mit der Wölbung nach oben auf dem Boden verteilen und mit Vanillezucker bestreuen. Auf der zweiten

Schiene von unten im vorgeheizten Backofen bei 200 °C (Gas Stufe 3) etwa 30 Minuten backen, bis die Früchte weich werden und Saft abgeben.

4 Die Aprikosenmarmelade mit 2 Esslöffeln Wasser erhitzen und dabei glatt rühren. Auf der noch warmen Tarte verteilen.

TIPP Probieren Sie diese Tarte mit kleinen Pfirsichen, über die Sie vor dem Backen noch den Saft von 1/2 Zitrone träufeln.

BIRNENTARTE

ZUTATEN
- 2 Scheiben
  TK-Blätterteig
- Mehl
- Fett
- 4 feste Birnen
- 70 g Rohrzucker
- 70 g kalte Butter

1 Den Blätterteig auftauen lassen, mit Wasser bepinseln, aufeinander legen und auf einer bemehlten Arbeitsfläche etwas größer als die Tarteform ausrollen. Die Form fetten und mit dem Teig auslegen.

2 Die Birnen schälen, vierteln und entkernen. Die Birnenviertel in Spalten schneiden und dicht an dicht auf den Blätterteig legen. Zucker darüber streuen und die Butter in Flöckchen darauf setzen.

3 Die Birnentarte im vorgeheizten Backofen bei 200 °C (Gas Stufe 3) auf der zweiten Schiene von unten etwa 25 Minuten backen. Lauwarm mit geschlagener Sahne servieren.

VARIANTE Apfeltarte: Nehmen Sie 4 säuerliche Äpfel und streuen Sie vor dem Backen 65 Gramm Zucker und 1/2 Teelöffel Zimt darüber. Nach Belieben können Sie auch einige Rosinen dazugeben.

ERDBEERTORTE MIT MASCARPONE ▶

ZUTATEN
- 1 gekaufter oder selbst gebackener Obsttortenboden
- 250 g Mascarpone
- 1 TL Vanillezucker
- 2 EL Milch
- 700 g Erdbeeren
- 1 Pck. Tortenguss rot (Zucker nach Angabe)

1 Mascarpone mit Vanillezucker und Milch verrühren und auf den Tortenboden streichen.

2 Die Erdbeeren kurz unter fließendem kalten Wasser abbrausen, trockentupfen und entkelchen. Größere Früchte halbieren und auf der Mascarponecreme verteilen.

3 Einen Tortenguss nach Packungsaufschrift zubereiten und gleichmäßig über die Erdbeeren geben.

HEIDELBEER-TORTELETTS

ZUTATEN
- 10–12 Torteletts
- 700 g Heidelbeeren (frisch, aus dem Glas oder TK)
- 2 Stück Zwieback
- 1 TL Vanillezucker
- 250 g süße Sahne
- 1 Pck. Sahnesteif

1 Frische Heidelbeeren abbrausen und trockentupfen, Beeren aus dem Glas oder gefrorene Beeren in ein Sieb geben, gut abtropfen lassen und den Saft dabei auffangen.

2 Den Zwieback auf einer Gemüsereibe fein reiben, mit Vanillezucker mischen und gleichmäßig auf die Tortelett-Böden streuen, damit sie nicht durchweichen.

3 Die Sahne mit Sahnesteif schlagen, mit den Heidelbeeren mischen und auf die Torteletts streichen.

TIPP: TORTELETTFÖRMCHEN AUSLEGEN

Mehrere gefettete Förmchen dicht nebeneinander stellen und die ausgerollte Teigplatte locker darüber legen. Den Teig mit den Fingern vorsichtig in die Förmchen drücken. Mit der Teigrolle kräftig über die Förmchen rollen und sie so aus der Teigplatte ausschneiden.

GESTÜRZTER APFELKUCHEN

ZUTATEN
- 3 Scheiben
  TK-Blätterteig
- 6 mittelgroße Äpfel
- Saft von 1 Zitrone
- 80 g Butter
- 80 g Honig
- Mehl für die
  Arbeitsfläche

1 Blätterteig ausgebreitet auftauen lassen. Äpfel schälen, halbieren und die Kerngehäuse herausschneiden. Apfelhälften mit Zitronensaft beträufeln.

2 Butter und Honig in einer großen, ofenfesten Pfanne mit Deckel schmelzen, die Apfelhälften mit den Schnittflächen nach oben hineinlegen, einmal aufkochen lassen und auf der kleinsten Stufe bei geschlossenem Deckel etwa fünf Minuten garen lassen.

3 Blätterteigplatten übereinander gelegt auf der bemehlten Arbeitsfläche ausrollen und auf die Äpfel in der Pfanne legen. Überhängenden Teig seitlich in die Pfanne auf den Boden drücken. Den Teig mit einer Gabel mehrmals einstechen und die Pfanne in den auf 200 °C (Gas Stufe 3) vorgeheizten Ofen stellen. Etwa 20 Minuten backen, bis der Teig gebräunt ist. Den Kuchen umgekehrt auf einen Teller stürzen und lauwarm servieren.

RHABARBERWÄHE MIT EIERGUSS ▶

ZUTATEN
- 1 Rezept
  Quark-Öl-Teig
- Fett
- 400 g Rhabarber
- 3 Eier
- 200 g süße Sahne
- 3 EL Zucker
- 1/2 Pck. Vanille-
  zucker
- 3 EL gehackte
  Mandeln

1 Einen Quark-Öl-Teig herstellen. Eine Pie- oder Wähenform fetten und den Teig sorgfältig hineindrücken, dabei am Rand etwas hochziehen.

2 Den Rhabarber putzen, waschen, schälen, in etwa 2 cm große Stücke schneiden und auf dem Boden verteilen.

3 Eier, Sahne, Zucker und Vanillezucker gut verrühren und über den Rhabarber gießen. Gehackte Mandeln darüber streuen.

4 Im vorgeheizten Backofen bei 180 °C (Gas Stufe 2) auf der mittleren Schiene etwa 40 Minuten backen.

TIPP Stechen Sie am Ende der Backzeit mit einem Holzstäbchen in die Mitte des Kuchens. Wenn beim Herausziehen nichts am Stäbchen kleben bleibt, ist der Kuchen gar.
Falls jedoch die Oberfläche zu stark bräunt, decken Sie sie mit einem Stück Alufolie oder Pergamentpapier ab.

WEINTRAUBENWÄHE MIT CRÈME FRAÎCHE

ZUTATEN
- 2 Scheiben TK-Blätterteig
- Butter
- 600 g helle kernlose Weintrauben
- 2–3 EL gem. Mandeln
- 1/2 TL Zimt
- 2 Eier
- 100 g Crème fraîche
- 2 EL Milch

1 Den Blätterteig auftauen lassen, mit Wasser bepinseln, aufeinander legen und auf einer bemehlten Arbeitsfläche etwas größer als die Tarteform ausrollen. Die Form mit Butter ausstreichen und mit Blätterteig auslegen. Dabei einen kleinen Rand hochziehen.

2 Weintrauben abbrausen, trockentupfen und von den Stielen zupfen. Mandeln mit Zimt mischen und auf den Teigboden streuen. Weintrauben darauf verteilen.

3 Eier mit Crème fraîche und Milch verquirlen und über die Trauben gießen. Die Wähe auf der Mittelschiene im vorgeheizten Backofen bei 200 °C (Gas Stufe 3) etwa 30 bis 35 Minuten backen, bis der Guss stockt.

VARIANTE Stachelbeerwähe: Probieren Sie diese Wähe einmal mit vollreifen Stachelbeeren anstelle der Weintrauben. Damit sie nicht zu sauer schmeckt, rühren Sie 1 bis 2 Esslöffel Zucker in den Guss.

ZWETSCHGENWÄHE MIT QUARKGUSS

ZUTATEN
- 1 Portion Quark-Öl-Teig (siehe Seite 50)
- Fett
- 1 kg Zwetschgen
- 1/4 l Milch
- 2 Eier
- 150 g Magerquark
- 3 EL Zucker
- 1/2 Pck. Vanillezucker

1 Quark-Öl-Teig herstellen. Pie- oder Wähenform fetten und den Teig sorgfältig hineindrücken, am Rand hochziehen.

2 Die Zwetschgen waschen, trockenreiben, halbieren und entkernen. Die Früchte dachziegelartig auf den Teig legen.

3 Kuchen auf der zweiten Schiene von unten im vorgeheizten Backofen bei 200 °C (Gas Stufe 3) etwa 10 Minuten backen.

4 Unterdessen Milch, Eier, Quark, Zucker und Vanillezucker miteinander verquirlen, nach 10 Minuten über den Kuchen gießen und weitere 20 bis 25 Minuten backen lassen, bis der Quarkguss fest geworden ist.

TIPP Wähen schmecken auch mit anderem Obst hervorragend, z. B. mit Heidelbeeren, Äpfeln, Pflaumen oder Sauerkirschen.

JOHANNISBEER-TARTE

1 Tarteform mit Quark-Öl-Teig auslegen, mit Backfolie belegen und mit Trockenerbsen beschweren. 10 Minuten auf der mittleren Schiene im 200 °C (Gas Stufe 3) heißen Ofen vorbacken.

2 Unterdessen die Johannisbeeren abbrausen, trockentupfen und von den Rispen streifen. Eigelbe mit Puderzucker, Sahne und Vanillepuddingpulver verquirlen. Beeren auf dem Tarteboden verteilen, den Guss darüber gießen. Bei 225 °C (Gas Stufe 4) etwa 10 bis 15 Minuten backen.

ZUTATEN
- 1 Portion Quark-Öl-Teig (siehe Seite 50)
- 300 g rote Johannisbeeren
- 3 Eigelb
- 70 g Puderzucker
- 1 Becher süße Sahne
- 1 EL Vanillepuddingpulver

PFIRSICHTORTE

1 Den Pudding nach Packungsaufschrift mit Milch und Zucker zubereiten. Etwas abkühlen lassen, dann auf dem Tortenboden verteilen.

2 Die frischen Pfirsiche einige Sekunden in kochendes Wasser tauchen, häuten, halbieren und entsteinen. Dosenpfirsiche in einem Sieb abtropfen lassen, den Saft auffangen. Die Früchte mit der Wölbung nach oben dicht an dicht auf dem Pudding verteilen.

3 Einen Tortenguss mit Zucker nach Packungsaufschrift zubereiten (wenn Sie Dosenpfirsiche verwenden, nehmen Sie den aufgefangenen Saft dazu) und über den Kuchen gießen.

4 Den Kuchen gut auskühlen lassen.

TIPP Schlagen Sie 200 Gramm Sahne steif und mischen Sie das Mark von 1/2 Vanilleschote darunter. Bestreichen Sie den gut ausgekühlten Kuchen damit und bestreuen Sie ihn mit gehackten Pistazien.

ZUTATEN
- 1 gekaufter oder selbst gebackener Obsttortenboden
- 1/2 Pck. Vanillepuddingpulver ohne Kochen (Zucker nach Angabe)
- 1/4 l Milch
- 5 reife Pfirsiche oder 1 Dose Pfirsiche
- 1 Pck. Tortenguss weiss (Zucker nach Angabe)

61

FESTLICH –
SCHNELLE
TORTEN

GRUNDREZEPT
BISKUITBODEN FÜR TORTEN

ZUTATEN
- *3 Eier*
- *3 EL heißes Wasser*
- *125 g Zucker*
- *1 Prise Salz*
- *1 Pck. Vanillezucker*
- *100 g Mehl*
- *100 g Speisestärke*
- *2 TL Backpulver*

1   Die Eier trennen. Die Eigelbe mit dem heißen Wasser schaumig schlagen. Den Zucker, 1 Prise Salz und den Vanillezucker einstreuen. Das Eiweiß steif schlagen und auf die Eigelbmasse geben.

2   Mehl, Speisestärke und Backpulver mischen, über den Eischnee sieben und vorsichtig unterheben.

3   Den Teig in eine nur am Boden gefettete Springform geben und auf der unteren Schiene im vorgeheizten Backofen bei 180 bis 200 °C (Gas Stufe 2 bis 3) etwa 15 Minuten backen.

4   Den Biskuitteig nach dem Backen in der Form kurz ausdampfen lassen. Den Rand mit einem Messer lösen, den Biskuit auf ein Kuchengitter stürzen und den Boden der Form abheben.

VARIANTE   Dunkler Biskuitboden: Verwenden Sie je 75 Gramm Mehl und Speisestärke und geben Sie zusätzlich 3 bis 4 Esslöffel Kakaopulver dazu.

TIPP   Damit der Biskuit beim Anschneiden nicht zerbröselt, sollten Sie ihn vor der Weiterverarbeitung mindestens 2 Stunden, besser eine Nacht ruhen lassen. Das entspricht zwar nicht unbedingt der Vorstellung eines schnellen Kuchens. Da sich Biskuit aber hervorragend einfrieren lässt, können Sie ihn vorbacken und schon in Schichten geschnitten tiefkühlen. Legen Sie zwischen jede Schicht eine Frischhaltefolie und packen Sie ihn gut in Folie ein. So hält er sich 4 bis 5 Monate. Wenn Gäste kommen, stellen Sie ihn einfach für 15 bis 20 Minuten bei 175 °C (Gas Stufe 2) in den vorgeheizten Backofen und füllen ihn dann nach Belieben.

BISKUIT-PUNSCH-TORTE

1 Den Orangensaft mit Zitronensaft, Rum und Zucker gut verrühren.

2 Den Tortenboden einmal waagerecht durchschneiden. Beide Böden mit dem Saftgemisch tränken und etwas durchziehen lassen.

3 Den unteren Tortenboden mit der Marmelade bestreichen. Die Rumtopffrüchte klein schneiden und den Tortenboden damit belegen.

4 Die Sahne steif schlagen und mit Rum-Aroma aromatisieren. Die Hälfte der Sahne auf den Rumtopffrüchten verteilen. Den oberen Boden aufsetzen, mit der restlichen Sahne verzieren.

ZUTATEN

- *1 gekaufter oder selbst gebackener dunkler Tortenbiskuit*
- *1/8 l Orangensaft*
- *Saft von 1 Zitrone*
- *3 EL Rum*
- *1 EL Zucker*
- *3 EL Orangenmarmelade*
- *3 EL Rumtopffrüchte*
- *200 g süße Sahne*
- *3 Tropfen Rum-Aroma*

TIPPS FÜR BISKUITTEIG

Biskuitteig muss sofort nach der Zubereitung gebacken werden. Schon bei kurzem Stehen entweicht die untergeschlagene Luft wieder und der Teig fällt zusammen. Deshalb immer zuerst Backform bzw. -blech vorbereiten und Ofen vorheizen.

Heißluft ist für das Backen von Biskuit nicht geeignet, da sie den Teig zu sehr austrocknet.

Es gibt zwei Methoden, einen Biskuitboden zu teilen:
1. Mit einem langen, scharfen Messer den Rand rundherum einkerben, dann mit der Spitze des Messers in der Kerbe bis zur Mitte des Bodens hineinstechen und im Kreis entlangschneiden.
2. Den Rand ebenfalls rundherum einschneiden, einen Bindfaden in den Einschnitt legen, die beiden Enden vorne kreuzen und langsam zusammenziehen.

BISKUITROLLE

ZUTATEN
FÜR DEN TEIG:

- *3 Eier*
- *1 Prise Salz*
- *4 EL heißes Wasser*
- *100 g feiner Zucker*
- *1 Pck. Vanillezucker*
- *½ TL Zitronenschale*
- *100 g Mehl*
- *50 g Speisestärke*
- *1 TL Backpulver*
- *Backpapier*
- *sauberes Geschirrtuch*
- *Zucker*

FÜR DIE FÜLLUNG:

- *5 EL Marmelade*
- *250 g süße Sahne*
- *1 Pck. Sahnesteif*
- *Puderzucker*

1   Die Eier trennen. Die Eigelbe mit 1 Prise Salz, heißem Wasser, Zucker, Vanillezucker und Zitronenschale schaumig schlagen. Den Eischnee sehr steif schlagen und auf die Eigelbmasse geben.

2   Das Mehl mit der Speisestärke und dem Backpulver mischen, über den Eischnee sieben und alles vorsichtig unterheben.

3   Ein Backblech mit Backpapier auslegen und den Biskuitteig darauf gießen. Im vorgeheizten Backofen bei 200 °C (Gas Stufe 3) auf der zweiten Schiene von unten 10 bis 15 Minuten backen.

4   Ein sauberes Geschirrtuch, das etwas größer als das Backblech sein sollte, ausbreiten und mit Zucker bestreuen. Den Teig auf das Tuch stürzen, das Backpapier sofort abziehen und den Biskuit etwas abkühlen lassen.

5   Den Teig dünn mit Marmelade bestreichen. Die Sahne mit Sahnesteif schlagen und gleichmäßig auf der Marmelade verteilen.

6   Mit Hilfe des Tuches den Biskuit von der schmalen Seite her aufrollen und die Rolle mit Puderzucker bestäuben.

TIPP   Eiweiß lässt sich besonders gut zu steifem Schnee schlagen, wenn das Rührgefäß zuvor mit kaltem Wasser ausgespült wurde und dem Eiweiß 1 kleine Prise Salz zugefügt wird.
Sollte sich das Backpapier nicht vom Teig lösen, hilft es, wenn Sie etwas kaltes Wasser darauf streichen.

VARIANTE   Biskuitrollen lassen sich beliebig füllen: Nach Geschmack können Sie 300 Gramm Beeren (frisch oder aufgetaut) unter die Sahne mischen, die Biskuitrolle mit Pudding füllen oder eine Buttercreme in beliebiger Geschmacksrichtung zubereiten und aufstreichen. Besonders fruchtig schmeckt die Biskuitrolle, wenn Sie sechs Blatt rote Gelatine nach Packungsaufschrift auflösen und mit 250 Gramm Magerquark, 75 Gramm Zucker und 1 Zentiliter Kirschwasser mischen. Dann 150 Gramm geschlagene Sahne und 200 Gramm in kleine Stückchen geschnittene Erdbeeren unterheben.

EIERLIKÖRTORTE ▸

ZUTATEN
FÜR DEN BODEN:
- 80 g Butter
- 1 Pck. Vanillezucker
- 80 g Zucker
- 5 Eier
- 200 g gem. Mandeln
- 1 TL Backpulver
- 100 g Raspel-
  schokolade
- 2–3 EL Kognak
- Backpapier

FÜR DEN BELAG:
- 250 g süße Sahne
- 1 Pck. Sahnesteif
- 1 TL Zucker
- 4 cl Eierlikör

1 Die weiche Butter mit Vanillezucker und Zucker schaumig schlagen. Die Eier trennen. Nacheinander die Eigelbe dazugeben. Mandeln, Backpulver, Schokoraspeln und Kognak unterrühren.

2 Das Eiweiß steif schlagen und vorsichtig unterziehen. Eine Springform mit Backpapier auslegen und den (relativ flüssigen) Teig einfüllen. Im vorgeheizten Backofen bei 180 °C (Gas Stufe 2) 45 bis 55 Minuten backen. Den Kuchen gut auskühlen lassen.

3 Die Sahne mit Sahnesteif und Zucker steif schlagen und auf die Torte streichen. Den Eierlikör darüber gießen und gleichmäßig verteilen.

TIRAMISU

ZUTATEN:
- 1/8 l kalter Espresso
- 2 cl Amaretto
- 500 g Mascarpone
- 3 Eigelb
- 50 g Zucker
- 1/2 Pck. Vanillezucker
- 1–2 EL Milch
- 200 g Löffelbiskuits
- 2 EL dunkles
  Kakaopulver

1 Espresso mit Amaretto mischen. Mascarpone mit den Eigelben, Zucker, Vanillezucker und Milch glatt rühren.

2 2/3 der Löffelbiskuits in einer rechteckigen Form dicht an dicht auslegen und mit 2/3 der Espressomischung tränken. Die Hälfte der Mascarponecreme darauf verteilen. Restliche Löffelbiskuits darüber geben, mit der übrigen Espressomischung beträufeln und mit dem Rest der Mascarponecreme betreichen.

3 Kakao darüber sieben und kalt stellen.

TIPP Tiramisu schmeckt nicht nur zum Nachmittagskaffee oder -tee, sondern eignet sich auch ganz ausgezeichnet als süßes Dessert nach einem schönen Essen oder Menü.

HIMBEER-KNUSPERTORTE

ZUTATEN
- 4 Platten TK-Blätterteig (300 g)
- 500 g Himbeeren (frisch oder TK)
- 8 Blatt weiße Gelatine
- 100 g Zucker
- Mark von 1/2 Vanilleschote
- 1/8 l Milch
- 250 g süße Sahne

1   Den Blätterteig auftauen lassen. Die aufgetauten Platten mit Wasser bestreichen, jeweils 2 Blätterteigplatten aufeinander legen und zur Größe des Springformbodens ausrollen. Mit der Gabel mehrmals einstechen. Eine Teigplatte vor dem Backen in 12 Tortenstücke teilen. Die Böden nacheinander auf dem mit Backpapier ausgelegten oder kalt abgespülten Backblech im vorgeheizten Backofen bei 225 °C (Gas Stufe 4) in 8 bis 10 Minuten goldbraun backen.

2   Inzwischen frische Himbeeren vorsichtig in stehendem Wasser waschen und trockentupfen. Gefrorene Himbeeren im Sieb auftauen lassen. Gelatine in kaltem Wasser etwa 10 Minuten einweichen.

3   3/4 der Beeren mit Zucker und Vanillemark pürieren. Die Milch unterrühren. Die Gelatine in einem Topf bei milder Hitze auflösen, erst zwei Esslöffel des Himbeerpürees, dann den Rest einrühren. Etwa 30 Minuten kalt stellen, bis die Masse zu gelieren beginnt.

4   Die Sahne steif schlagen und unterziehen, ebenso die restlichen Himbeeren. Nochmals etwa 30 Minuten in den Kühlschrank stellen. Danach auf die Teigplatte streichen und die Blätterteigdreiecke oben auf die Creme legen.

TIPP   Da Blätterteigböden schnell durchweichen und zäh werden, sollten Sie die Sahnecreme erst kurz vor dem Servieren aufstreichen.

VARIANTE   Mango-Knuspertorte: Einen Boden wie oben beschrieben zubereiten. Für die Füllung 8 Blatt weiße Gelatine in kaltem Wasser einweichen. Das Fruchtfleisch von 2 vollreifen Mangos im Mixer pürieren und mit 3 Eigelb, 100 Gramm Zucker, dem Saft von 1/2 Zitrone, 1/8 Liter Mangosaft und 1 Esslöffel Rum gut verrühren. Die Gelatine nach Packungsaufschrift auflösen und etwas abkühlen lassen. Erst mit 3 Esslöffeln der Mangomasse vermischen, dann unter kräftigem Schlagen unter die restliche Creme ziehen. Zum Gelieren 30 Minuten in den Kühlschrank stellen. Inzwischen 3 Eischnee und 200 Gramm süße Sahne steif schlagen und beides unter die Mangocreme heben. Dann die Torte wie oben beschrieben fertigstellen.

MOHNTORTE

ZUTATEN
FÜR DEN BODEN:
- 3 Eier
- 125 g Zucker
- 100 g Mehl
- 1 TL Backpulver
- 100 g gem. Mohn

FÜR DIE FÜLLUNG:
- 400 g süße Sahne
- 2 Pck. Sahnesteif
- 2 cl Mandellikör

1 Die Eier trennen. Die Eigelbe mit 3 Esslöffeln Wasser und Zucker schaumig rühren. Das Mehl mit dem Backpulver mischen, duch ein Sieb streichen und unterrühren. Den Mohn zufügen. Das Eiweiß steif schlagen und vorsichtig unterheben.

2 Den Teig in eine gefettete Springform geben und auf der zweiten Schiene von unten im vorgeheizten Backofen bei 200 °C (Gas Stufe 3) etwa 25 Minuten backen. Nach dem Auskühlen einmal durchschneiden.

3 Für die Füllung die Sahne mit Sahnesteif schlagen, zum Schluss den Mandellikör dazugeben. 1/3 der Sahne auf die untere Teigplatte streichen, die obere Platte darauf setzen und die restliche Sahne oben und am Rand verteilen. Nach Belieben verzieren.

TIPP Wenn Sie's lieber alkoholfrei mögen, aromatisieren Sie die Sahne mit 2 Tropfen Bittermandelöl, Rumaroma oder dem Mark von 1/2 Vanilleschote.

PREISELBEER-SAHNE-TORTE

ZUTATEN
FÜR DEN BODEN:
- 125 g Butter
- 125 g Zucker, 3 Eier
- 200 g gem. Haselnüsse
- 2 EL Kakao
- 1 TL Backpulver
- 1 EL Weinbrand

FÜR DEN BELAG:
- 1 großes Glas Preiselbeeren
- 400 g süße Sahne
- 2 Pck. Sahnesteif
- Raspelschokolade

1 Butter und Zucker schaumig schlagen. Die Eier trennen. Die Eigelbe nach und nach unter die Buttermasse rühren. Haselnüsse, Kakao, Backpulver und Weinbrand zufügen. Das Eiweiß steif schlagen und vorsichtig unterheben.

2 Den Teig in eine gefettete Springform füllen und im vorgeheizten Ofen bei 175 °C (Gas Stufe 2) etwa 40 Minuten backen.

3 Die Preiselbeeren abtropfen lassen und auf dem abgekühlten Boden verteilen. Die Sahne mit Sahnesteif schlagen und darüber streichen. Die Torte mit Schokoraspeln bestreuen.

VARIANTE Sauerkirsch-Sahne-Torte: Verwenden Sie 1 Glas Sauerkirschen mit Saft. Dicken Sie den Saft mit 1 bis 2 Esslöffeln Speisestärke an.

ROTWEINCREME-TORTE

1   Die Gelatine in kaltem Wasser einweichen. Die Sahne steif schlagen und in den Kühlschrank stellen.

2   Wein, Zucker, Vanillezucker, Zitronenschale und Eigelbe in einem Topf unter Rühren erhitzen, aber nicht zum Kochen bringen. Den Topf vom Herd ziehen.

3   Gelatine ausdrücken und schnell unter die Creme rühren. Die Masse im kalten Wasserbad weiterschlagen, bis die Creme etwas abgekühlt ist. Die Sahne unterziehen und für 30 Minuten kalt stellen.

4   Den Tortenboden einmal waagerecht durchschneiden.

5   Die Hälfte der Creme auf dem unteren Tortenboden gleichmäßig verstreichen, die obere Platte auflegen und die Torte mit der restlichen Creme überziehen. Nach Lust und Laune mit Schoko- oder Zuckerwerk verzieren.

TIPP   Noch schneller geht es allerdings, wenn Sie ein Päckchen Instant-Rotweincreme kaufen und nach Packungsaufschrift zubereiten.

ZUTATEN

- 1 gekaufter oder selbst gebackener dunkler Tortenbiskuit
- 3 Blatt rote Gelatine
- 250 g süße Sahne
- $1/4$ l trockener Rotwein
- 6 EL Zucker
- 1 Pck. Vanillezucker
- Schale von $1/2$ Zitrone
- 2 Eigelbe
- Schoko- oder Zuckerwerk

WALNUSS-WHISKY-TORTE

1   Die Sahne mit Sahnesteif und Zucker steif schlagen. Die Walnüsse und 4 Esslöffel Whisky-Sahne-Likör portionsweise unterrühren.

2   Den Tortenboden zweimal waagerecht durchschneiden. Dies funktioniert problemlos mit einem langen, scharfen Messer.

3   Alle Tortenböden mit Whisky tränken, mit der Walnuss-Sahne füllen und rundum bestreichen.

4   Den restlichen Whisky-Sahne-Likör über die Torte gießen und mit Krokant bestreuen.

ZUTATEN

- 1 gekaufter oder selbst gebackener heller Tortenbiskuit
- 500 g süße Sahne
- 1 Pck. Sahnesteif
- 5 EL Zucker
- 200 g gem. Walnüsse
- 7 EL Whisky-Sahne-Likör
- 4 cl Whisky
- Krokant

SCHOKO-BUTTERCREME-TORTE ▶

**ZUTATEN
FÜR DEN BODEN:**

- 60 g Butter
- 180 g Zucker
- 2 Eier
- 60 g Kakao
- 1 EL Rum
- 1/8 l Milch
- 250 g Mehl
- 1/2 Pck. Backpulver

**FÜR DIE
BUTTERCREME:**

- 1 Pck. Puddingpulver
  Schokogeschmack
- 1/2 l Milch
- 6 EL Zucker
- 250 g Butter
- 50 g Kokosfett

1 Butter und Zucker schaumig schlagen. Dann Eier, Kakao, Rum und Milch unterrühren. Mehl und Backpulver zufügen.

2 Den Teig in eine gefettete Springform füllen und auf der unteren Schiene im vorgeheizten Backofen bei 200 °C (Gas Stufe 3) 25 bis 30 Minuten backen.

3 Aus Puddingpulver, Milch und Zucker einen Pudding kochen und unter Rühren abkühlen lassen. Die weiche Butter schaumig rühren, dann den Pudding esslöffelweise unterschlagen. Das geschmolzene Kokosfett unter die Creme rühren.

4 Den Tortenboden nach dem Erkalten zweimal durchschneiden, mit 2/3 der Buttercreme füllen, mit dem Rest rundum bestreichen und beliebig verzieren.

TIPP Buttercreme-Variationen: Verfeinern Sie die Creme mit Likören, Nüssen, Schokoraspel oder Kaffee.

SCHOKOLADENTORTE

**ZUTATEN
FÜR DEN BODEN:**

- 5 Eier, 125 g Zucker
- 2 EL heiße Milch
- Salz, 3 EL Kakao
- 75 g gem. Mandeln
- 100 g Semmelbrösel
- Saft und Schale von
  1 Zitrone, Fett, Mehl

FÜR DIE GLASUR:

- 50 g Kokosfett
- 3 EL Kakao
- 100 g Puderzucker
- 3 EL heiße Milch
- Raspelschokolade

1 Die Eier trennen. Die Eigelbe mit Zucker und Milch schaumig schlagen. Eiweiß mit 1 Prise Salz steif schlagen und auf die Eigelbmasse gleiten lassen. Kakao, Mandeln, Semmelbrösel, Zitronenschale und -saft darüber geben und alles vorsichtig vermischen. Den Teig in eine gefettete und leicht gemehlte Springform (Ø 26 cm) geben.

2 Den Kuchen im vorgeheizten Backofen auf der unteren Schiene bei 180 °C (Gas Stufe 2) etwa 45 Minuten backen. Dann auf einem Kuchengitter etwas auskühlen lassen.

3 Für die Glasur das Kokosfett schmelzen, Kakaopulver und Puderzucker mischen, durch ein Sieb streichen und zusammen mit der Milch in das heiße Fett einrühren. Die Glasur auf der Torte verteilen. Mit Raspelschokolade bestreuen.

SCHWARZ-WEISS-TORTE ►

ZUTATEN
- 1 gekaufter oder selbst gebackener heller Tortenbiskuit
- 500 g süße Sahne
- 2 EL Zucker
- 1 El Rum
- 50 g Raspelschokolade
- 3 EL Kakao
- 100 g dunkle Kuvertüre

1 Die Sahne mit dem Zucker steif schlagen. 2/3 davon mit Rum, Raspelschokolade und Kakao mischen.

2 Den Tortenboden zweimal durchschneiden.

3 Schokosahne auf beide unteren Böden verteilen, den dritten Boden aufsetzen.

4 Die Kuvertüre im Wasserbad schmelzen und den obersten Boden damit überziehen. Mit der restlichen Sahne die Seiten bestreichen und die Torte verzieren.

VARIANTE Schwarz-Weiss-Torte mit Schuss: Vermischen Sie 2/3 der steif geschlagenen Sahne nur mit Raspelschokolade und Kakaopulver und träufeln Sie stattdessen 4 Esslöffel Kirschwasser, Maraschino, Grappa oder Birnenschnaps auf die beiden unteren Tortenböden. Stellen Sie die Torte dann wie im Rezept oben beschrieben fertig.

SEKTTORTE

ZUTATEN
- 1 gekaufter oder selbst gebackener dunkler Tortenbiskuit
- 400 g süße Sahne
- 3/8 l Sekt
- 1 Pck. Puddingpulver ohne Kochen, Zitronengeschmack
- Schokoblätter

1 Die Sahne steif schlagen. Das Zitronenpuddingpulver in den Sekt schütten und so lange aufschlagen, bis die Masse anfängt, dicklich zu werden.

2 Den Tortenboden zweimal durchschneiden.

3 Die Sahne unter die Creme heben und ein Viertel davon auf den unteren Boden streichen. Den zweiten Boden aufsetzen und ein Viertel der Sektsahne darauf verteilen. Den letzten Boden aufsetzen und die restliche Sahnemasse rundum verstreichen. Mit Schokoblättern verzieren.

TIPP Verwenden Sie für die Sekttorte nur guten, trockenen oder höchstens halbtrockenen Sekt. Zum Füllen dieser Torte eignen sich auch Puddingpulver mit Sahne- oder Erdbeergeschmack hervorragend. Gut gekühlt servieren.

TORTENGLASUREN

Das Auge isst bekanntlich mit. Und deshalb sind Glasuren und Verzierungen für Kuchen und Torten geradezu ein Muss. Ihrer Kreativität sind dabei keinerlei Grenzen gesetzt: Dekorieren und verzieren Sie Ihre Kuchen und Torten einfach nach Lust, Laune und Geschmack.

Glasuren sind die Glanzlichter der Torte: Sie decken Mängel ab, intensivieren den Geschmack und sorgen für ein glänzendes Äußeres. Außerdem haben Sie mit Glasuren eine breite Palette an Variationsmöglichkeiten zur Hand: Ob Buttercreme- oder Obst-Sahne-Torte – zu jeder Torte findet sich bestimmt ein passender Überzug. Damit eine Glasur gelingt, müssen einige Grundregeln beachtet werden. Daneben gibt es eine Vielzahl von Tricks, wie Ihre Torte zu einem wahren Meisterstück wird.

■ Glasuren eignen sich, mit Ausnahme der Eiweißglasur, nicht zum Mitbacken.

■ Das Backwerk sollte vor dem Glasieren nur wenig abgekühlt sein. Eine warme Glasur auf einem kalten Backwerk hält nämlich nicht, sondern fließt herunter.

■ Warm angerührte Glasuren auf ofenwarmem Gebäck erzeugen den schönsten Glanz.

■ Dünn aufgetragene Aprikosenmarmelade oder Johannisbeergelee unter der Glasur erzeugt einen fruchtigen Geschmack und besonders schönen Glanz.

■ Glasuren trocknen schnell aus, daher immer nur so viel anrühren, wie man sofort verbrauchen kann.

■ Rühren Sie nie die angegebene Flüssigkeitsmenge auf einmal in den Zucker. Hören Sie mit der Flüssigkeitszugabe auf, wenn die Zuckermasse von cremig-glatter Konsistenz ist.

■ Als Werkzeug zum Aufstreichen einer Glasur eignet sich ein Messer mit einer breiten Klinge, die in warmes Wasser getaucht wird.

■ Gießen Sie die Glasur auf die Tortenmitte und verstreichen Sie sie mit einem Messer.

■ Glasuren müssen mindestens zwei Stunden lang austrocknen. Meistens brauchen sie bis zu sechs Stunden, bis sie vollständig getrocknet sind. Beim Trocknen sollte die Torte auf einer ebenen Unterlage stehen.

■ Wollen Sie die Torte noch mit Schokoblättchen, Streuseln oder ähnlichem verzieren, muss die Glasur etwas anziehen, damit sie nicht mehr fließt. Zu trocken darf sie allerdings auch nicht sein. Also den geeigneten Zeitpunkt abwarten und dann zügig arbeiten.

■ Glasierte Torten sind nicht zum Einfrieren geeignet, da die Glasur sonst ihren Glanz verliert.

GRUNDREZEPT EIWEISS-GLASUR

1 Den Puderzucker fein sieben, dann mit dem Eiweiß und dem Zitronensaft verrühren, bis eine cremige, glatte Masse entstanden ist.

2 Nach Belieben mit Lebensmittelfarben färben oder mit Kaffeeextrakt, Fruchtsäften oder Alkohol (Likör, Kirschwasser, Rum) verfeinern.

ZUTATEN
- *250 g Puderzucker*
- *1 Eiweiß*
- *1 EL Zitronensaft*

GRUNDREZEPT FETTGLASUR

1 Den Puderzucker fein sieben, dann mit Wasser, Fett und Zitronensaft glatt rühren.

2 Nach Belieben mit Lebensmittelfarben, geriebener Schokolade oder Vanillezucker abwandeln.

ZUTATEN
- *250 g Puderzucker*
- *2 EL heißes Wasser*
- *160 g heißes Pflanzenfett*
- *1/2 TL Zitronensaft*

GRUNDREZEPT SCHOKOLADENGLASUR

1 Die Schokolade etwas zerkleinern und im Wasserbad schmelzen.

2 Den Puderzucker fein sieben. Zusammen mit der Milch und der Butter der geschmolzenen Schokolade zufügen und gut verrühren. Noch warm auf die Torte gießen und zügig verarbeiten.

ZUTATEN
- *125 g Blockschokolade*
- *150 g Puderzucker*
- *4 EL Milch*
- *1 EL Butter*

TIPP Glasuren müssen nicht immer mit einem Messer ganzflächig aufgetragen werden. Bereiten Sie auch einmal nur die Hälfte eines der angegebenen Rezepte zu und füllen Sie die Masse in einen Spritzbeutel. Damit können Sie nach Belieben ein Rautenmuster über Ihre Torte ziehen oder sich in Schriftzügen versuchen, vorausgesetzt, die Masse ist nicht zu flüssig. Achten Sie beim Verzieren jedoch darauf, dass die Öffnung des Spritzbeutels nicht zu groß ist.

Luftig und leicht –
WINDBEUTEL & CO.

GRUNDREZEPT BRANDTEIG

(ergibt etwa 10 Windbeutel oder Eclairs oder 30 Profiteroles)

ZUTATEN
- 1/8 l Wasser
- 50 g Butter
- 1 Prise Salz
- 80 g Mehl
- 50 g Speisestärke
- 2–3 Eier

1 Das Wasser mit der Butter und 1 Prise Salz in einem Topf zum Kochen bringen. Den Topf von der Kochplatte nehmen. Das Mehl und die Speisestärke mischen und auf einmal unter kräftigem Rühren hineinschütten. So lange rühren, bis sich ein glatter Kloß gebildet hat.

2 Den Topf wieder auf die Kochplatte stellen und 1 bis 2 Minuten weiterrühren, bis sich auf dem Topfboden ein weißlicher Belag bildet. Den Topf vom Feuer nehmen.

3 Den Kloß in eine Schüssel geben und sofort das erste Ei unterrühren. Jedes Ei einzeln einarbeiten. Die Masse etwas abkühlen lassen.

4 Den Teig in einen Spritzbeutel füllen. Für Windbeutel 8 bis 10 Häufchen auf das mit Backpapier ausgelegte Backblech setzen. Für Eclairs spritzen Sie jeweils zwei fingerlange Streifen nebeneinander und einen dritten obenauf. Für Profiteroles setzen Sie ganz kleine Häufchen auf das Blech.

5 Das Brandteig-Gebäck auf der mittleren Schiene im vorgeheizten Backofen bei 200 °C (Gas Stufe 3) in 25 bis 30 Minuten goldgelb backen. Während der ersten 15 Minuten auf keinen Fall die Ofentür öffnen, da das Gebäck sonst in sich zusammenfällt!

6 Die fertigen Windbeutel oder Eclairs sofort aufschneiden. In die Profiteroles vorsichtig ein kleines Loch in den Boden stoßen, durch das dann die Füllung hineingespritzt wird.

TIPPS

■

Verwenden Sie zur Herstellung
von Brandteig keinen zu weiten Topf.
Achten Sie auch darauf, dass die
Flüssigkeit nicht einkocht – sie soll
nur zum Kochen kommen.

■

Bevor Sie das letzte Ei in den
Teig geben, machen Sie die
Löffelprobe: Der Teig hat die richtige
Konsistenz, wenn er stark glänzt
und von einem Löffel so abreißt,
dass lange Spitzen hängen bleiben.
Ist er noch zu fest, würde er durch
die Zugabe eines ganzen weiteren Eies
jedoch vielleicht zu flüssig.
Verquirlen Sie deshalb das letzte
Ei in einer Tasse und geben
Sie es löffelweise dazu, bis der Teig
die richtige Konsistenz hat.

■

Windbeutel sind fertig gebacken,
wenn sie hohl und leicht sind. Sie werden erst in erkaltetem Zustand geteilt
und gefüllt, ebenso die Eclairs.

■

Windbeutel und Eclairs halten
sich in der Gefriertruhe etwa
5 Monate. Vor dem Füllen tauen Sie
sie im vorgeheizten Backofen bei
150 °C (Gas Stufe 1) in etwa
10 bis 15 Minuten auf.

*Windbeutel und Eclairs
lassen sich auch als
pikanter Snack zube-
reiten. Füllen Sie die
kleinen Backwerke doch
einfach einmal mit
einer Käsecreme oder
einer Quark-Kräuter-
Mischung, und reichen
Sie die Häppchen zu
einem Glas Wein.*

ECLAIRS MIT KARAMELLCREME

ZUTATEN
- 8–10 Eclairs
- 150 g Puderzucker
- 1/2 Pck. Karamell-
  puddingpulver ohne
  Kochen (Zucker
  nach Angabe)
- 1/4 l Milch

1 Den Puderzucker mit 2 Esslöffel Wasser verrühren und die oberen Hälften der Eclairs damit glasieren.

2 Aus dem Puddingpulver, der Milch und dem Zucker nach Packungsaufschrift einen Pudding bereiten und etwas abkühlen lassen.

3 Den Pudding mit einem Spritzbeutel auf die unteren Hälften der Eclairs spritzen. Die glasierten Deckel aufsetzen.

VARIANTE Probieren Sie beim Puddingpulver auch einmal andere Geschmacksrichtungen wie Vanille oder Haselnuss aus. Wenn Sie Fruchtpuddingpulver wie Mango oder Erdbeere verwenden, können Sie auch etwas klein geschnittenes, gut abgetropftes Obst unterheben.

ECLAIRS MIT MOKKASAHNE ▶

ZUTATEN
- 8–10 Eclairs
- 150 g Puderzucker
- 5 EL Mokka
  oder Espresso
- 250 g süße Sahne
- 1 Pck. Sahnesteif
- 1 EL Zucker

1 Den Puderzucker mit 2 Esslöffeln kaltem Mokka oder Espresso verrühren und die Eclairdeckel mit diesem Guss überziehen.

2 Die Sahne mit Sahnesteif und Zucker steif schlagen, den restlichen Kaffee vorsichtig unterziehen und auf die Eclairböden spritzen. Die Deckel aufsetzen.

VARIANTE Eclairs mit Buttercreme: 80 Gramm Zucker mit dem Mark von 1/2 Vanilleschote mischen. 2 Eier mit dieser Zuckermischung schaumig schlagen. 50 Gramm Speisestärke und 3/8 Liter Milch zufügen und die Masse am Herd unter ständigem Rühren einmal aufpuffen lassen. Unter die erkaltete steife Masse 2 Esslöffel Neskaffee-Pulver mischen. 70 Gramm weiche Butter schaumig rühren, die Kaffeecreme unterziehen und die Eclairs damit füllen. Nach Belieben die Eclairs mit einer Kaffeeglasur überziehen. Dazu 100 Gramm Puderzucker, 3 Esslöffel Neskaffee-Pulver und 3 Esslöffel warmes Wasser verrühren.

WINDBEUTEL MIT BROMBEERSAHNE ▶

ZUTATEN

- 8–10 Windbeutel
- 300 g Brombeeren
- 3 EL Puderzucker
- 1 TL Zitronensaft
- 250 g süße Sahne
- 1 TL Vanillezucker
- 1 Pck. Sahnesteif
- Puderzucker

1 Die Brombeeren kurz unter fließendem kaltem Wasser abbrausen und trockentupfen. Einige Brombeeren beiseite legen, die restlichen mit Puderzucker und Zitronensaft pürieren.

2 Die Sahne mit Vanillezucker und Sahnesteif schlagen, das Beerenmus unterziehen.

3 Die beiseite gelegten Brombeeren auf die Windbeutelböden verteilen, die Beerensahne darauf geben. Die Teigdeckel aufsetzen und mit Puderzucker überstäuben.

TIPP Sie können auch Erdbeeren, Heidelbeeren oder Himbeeren verwenden. Das Himbeermus nach dem Pürieren durch ein Sieb streichen, um die Kerne zu entfernen.

WINDBEUTEL MIT JOHANNISBEERSAHNE

ZUTATEN

- 10–12 Windbeutel
- 300 g schwarze und rote Johannisbeeren
- 225 g Puderzucker
- 1 EL Johannisbeerlikör
- 3–4 EL Johannisbeersaft
- 250 g süße Sahne
- 1 Pck. Sahnesteif

1 Die Johannisbeeren abbrausen, trockentupfen und von den Stielen zupfen. Vom Puderzucker 3 Esslöffel abnehmen und mit den Beeren und dem Johannisbeerlikör mischen. Den restlichen Puderzucker mit Johannisbeersaft glatt rühren und die Windbeuteldeckel damit überziehen.

2 Die Sahne mit Sahnesteif schlagen und die Johannisbeermasse unterziehen. Die Windbeutel mit der Beerensahne füllen.

VARIANTE Windbeutel mit Birnensahne: Dazu 2 Birnen schälen, vierteln und das Kerngehäuse entfernen. Die Birnenviertel mit etwas Zitronensaft beträufeln und in 50 Milliliter Weißwein dünsten, bis sie zerfallen. Das Birnenmus durch ein feines Sieb streichen. 2 Esslöffel Zucker und 1/2 Packung Vanillezucker unterrühren und abkühlen lassen. Inzwischen 150 Gramm süße Sahne mit 1/2 Packung Sahnesteif schlagen und unter das erkaltete Birnenmus ziehen. Die Windbeutel damit füllen.

PROFITEROLES MIT EIERLIKÖRSAHNE

ZUTATEN
- 8–10 Windbeutel oder 30 Profiteroles
- 250 g süße Sahne
- 1 Pck. Sahnesteif
- 2 EL Zucker
- 2–3 EL Eierlikör
- Puderzucker

1 Sahne mit Sahnesteif und Zucker steif schlagen, 2 Esslöffel Eierlikör unterrühren.

2 Die Masse in die Profiteroles oder auf die Windbeutelböden spritzen. Bei Windbeuteln 1 Esslöffel Eierlikör jeweils auf die Sahnehäufchen setzen und die Deckel auflegen. Anschließend das Gebäck mit Puderzucker überstäuben.

TIPP Für Windbeutel mit Sahnefüllung gibt es zahlreiche Variationsmöglichkeiten: Statt Eierlikör können Sie auch Kirschlikör, Kaffeelikör oder ähnliches verwenden, vorausgesetzt, der zugesetzte Alkohol ist nicht zu dünnflüssig. Aber natürlich geht's auch ohne Hochprozentiges: Fruchtsirups in allen Geschmacksrichtungen erfüllen denselben Zweck.

PROFITEROLES MIT SAHNE ▶

ZUTATEN
- 8–10 Windbeutel oder 30 Profiteroles
- 250 g süße Sahne
- 1 Pck. Sahnesteif
- 2 EL Zucker
- Puderzucker

1 Die Sahne mit Sahnesteif und Zucker steif schlagen.

2 Anschließend die geschlagene Sahne in einen Spritzbeutel geben, die Windbeutel oder Profiteroles damit füllen und zu guter Letzt mit Puderzucker bestäuben.

PROFITEROLES MIT SCHOKOSAHNE

ZUTATEN
- 8–10 Windbeutel oder 30 Profiteroles
- 50 g Schokolade
- 250 g süße Sahne
- 1 Pck. Sahnesteif
- 2 EL Zucker
- Puderzucker

1 Schokolade im heißen Wasserbad schmelzen und etwas abkühlen lassen.

2 Die Sahne mit Sahnesteif und Zucker steif schlagen, die Schokolade esslöffelweise unterrühren. Profiteroles oder Windbeutel mit der Schokosahne füllen, mit Puderzucker bestäuben.

FÜLLUNGEN FÜR WINDBEUTEL, ECLAIRS UND PROFITEROLES

BANANENSCHAUM

ZUTATEN
- 2 reife Bananen
- 2 EL Zitronensaft
- 2 EL Zucker
- 200 g süße Sahne
- 1/2 Pck. Sahnesteif

1 Die Bananen schälen und im Mixer zusammen mit dem Zitronensaft und dem Zucker pürieren.

2 Die Sahne mit dem Sahnesteif schlagen und vorsichtig unter den Bananenschaum ziehen.

KARAMELLCREME

ZUTATEN
FÜR DEN KARAMELL:
- 40 g Zucker
- 60 ml Wasser

FÜR DIE CREME:
- 1/2 l Milch
- 1 Prise Salz
- 2 Eier
- 50 g Zucker
- 2 EL Speisestärke
- 2 EL süße Sahne

1 Zur Karamellherstellung den Zucker in einem Eisenpfännchen bräunen, dann mit Wasser ablöschen und kochen lassen, bis sich der Zucker wieder aufgelöst hat.

2 Die Karamellflüssigkeit mit der Milch und 1 Prise Salz mischen und zum Kochen bringen.

3 Die Eier trennen. Die Eigelbe

mit dem Zucker, der Speisestärke und der Sahne glatt rühren, in die kochende Milch einrühren und einmal aufpuffen lassen. Die Masse vom Herd nehmen.

4 Das Eiweiß steif schlagen und unter die noch heiße Karamellcreme rühren, dann abkühlen lassen

MARASCHINOCREME

1 Die Milch zum Kochen bringen, eventuelle Häutchen abziehen.

2 Die Eier trennen. Die Eigelbe mit dem Zucker und dem Vanillezucker, der Speisestärke und der Sahne glatt rühren, in die kochende Milch einrühren und einmal aufpuffen lassen. Die Masse vom Herd nehmen.

3 Das Eiweiß steif schlagen und zusammen mit dem Maraschino unter die noch heiße Creme rühren, dann abkühlen lassen.

ZUTATEN
- 1/2 l Milch
- 2 Eier
- 50 g Zucker
- 1/2 Pck. Vanillezucker
- 2 EL Speisestärke
- 2 EL süße Sahne
- 2 EL Maraschino

QUARK-FRUCHTCREME

1 Die Gelatine in kaltem Wasser einweichen. Den Quark in einem Sieb abtropfen lassen.

2 Die zimmerwarme weiche Butter mit dem Zucker und dem Eigelb schaumig rühren und den Magerquark zufügen. Die Milch, den Orangensaft und den Zitronensaft zugeben und gut verrühren.

3 Die Gelatine nach Packungsaufschrift auflösen und unter kräftigem Schlagen unter die Quarkmasse ziehen.

4 Die Masse 30 Minuten in den Kühlschrank stellen, bis sie zu gelieren beginnt.

ZUTATEN
- 250 g Magerquark
- 15 g Butter
- 75 g Zucker
- 1 Eigelb
- 1/4 l Milch
- 1/8 l Orangensaft
- 1 EL Zitronensaft
- 2 Blatt weiße Gelatine

VANILLECREME

1 Die Milch mit 1 Prise Salz zum Kochen bringen. Das Ei trennen.

2 Eigelb, Vanillezucker, Zucker und Speisestärke mit der Sahne glatt rühren, in die kochende Milch einrühren und einmal aufpuffen lassen. Die Masse vom Herd nehmen.

3 Das Eiweiß steif schlagen und zusammen mit dem Amaretto unter die heiße Vanillecreme ziehen. Dann erkalten lassen.

ZUTATEN
- 1/4 l Milch
- Salz, 1 Ei
- 1/2 Pck. Vanillezucker
- 2 EL Zucker
- 1 EL Speisestärke
- 2 EL süße Sahne
- 1 EL Amaretto

Über dieses Buch

Die Autorin
Ricarda Nolte ist freiberufliche Autorin
und Fachjournalistin auf den Gebieten
Wellness und Ernährung. Sie studierte
Ethnologie, Anthropologie und
Kommunikationswissenschaften und
arbeitete zunächst als Redakteurin bei
einem Münchner Food-Verlag, bevor Sie
sich 1997 selbstständig machte. Seitdem
sind mehrere Bücher von ihr erschienen.

Bildnachweis
Alle Fotos und Styling: Barbara
Lutterbeck, Köln
Außer Titelbild: Helga Florian, Weiden-
München

Haftungsausschluss
Die Inhalte dieses Buches sind sorgfältig
recherchiert und erarbeitet worden.
Dennoch kann weder der Autor noch der
Verlag für die Angaben in diesem Buch
eine Haftung übernehmen.

Impressum
Es ist nicht gestattet, Abbildungen und
Texte dieses Buches zu digitalisieren, auf
PCs oder CDs zu speichern oder auf
PCs/Computern zu verändern oder ein-
zeln oder zusammen mit anderen
Bildvorlagen/Texten zu manipulieren, es
sei denn mit schriftlicher Genehmigung
des Verlages.

Weltbild Buchverlag, Augsburg
© 1999 Weltbild Verlag GmbH, Augsburg
2. Auflage 2000
Alle Rechte vorbehalten

Redaktion: Monika Judä, München
Umschlag: Lydia Koch
Layout: Christina Krutz, St. Oswald-
Riedlhütte
Illustrationen: Harald Braun
DTP/Satz: Christina Krutz
Reproduktion: Repro Mayr, Donauwörth
Druck und Bindung: Druckerei Appl,
Wemding

Gedruckt auf chlorfrei gebleichtem Papier

Printed in Germany

ISBN 3-89604-333-1

REZEPTVERZEICHNIS

REZEPTVERZEICHNIS

ABKÜRZUNGEN

g = Gramm	l = Liter	gem. = gemahlen
kg = Kilogramm	TL = Teelöffel	Pck. = Päckchen
ml = Milliliter	EL = Esslöffel	TK = Tiefkühlware
cl = Zentiliter	cm = Zentimeter	Ø = Durchmesser